可愛い♡Popteen

今日からコツコツ自分磨きスタート♥

可愛くなったコたちがやったこと総まとめ!!

Sakutin

Cocotcha

JN125804

Popteen編集部（編）

表紙を飾った、さくてぃん、ここちゃ、ゆめぽてに〝可愛い〟についてインタビュー！3人とも自分らしく可愛くなるためにコツコツあか抜ける努力をしていたよ★

※撮影／堤博之 スタイリスト／小野奈央 ヘアメイク／榊ひかる（Lila）※衣装のクレジットはP.96にあります。

Cover Girl Interview

Sakutaine
さくてぃん

毎日、可愛いを更新していきたい! もっと可愛くなれるって信じてる!!

「メイクを始めたのは小学校6年のとき。そのころにTikTokを始めて、"可愛く写りたい!"って思って始めたよ。最初はママにメイクしてもらったりママのメイクをマネしてやっていたけど、POPに入ってそれじゃ可愛くなれないって気づいた。それでPOPのメイク企画やYouTubeを見て、家でひたすらマネして練習したよ。そしたら、いつの間にかまわりから"あか抜けたね!"っていわれるようになって。ホメられたらモチベがめっちゃ上がりまくって、もっと可愛くなる努力をしよう!!って思った★ あか抜けたからゴールじゃなくて、もっと可愛くなりたいって思ってるから、つねに研究してるよ。いまは、みんなにマネしたいって思ってもらえるように、トレンド感を意識したメイクやヘアスタイルを意識してる♥ 失敗することも多いけど、可愛くなるためだから別に落ち込まない。というか、落ち込んでるヒマない! 自分にとって"可愛くなりたい"って気持ちはモチベのすべて! いま、がんばることで未来の自分が変わってくるから、これからもドンドン可愛いを更新していくよ♪ まだまだ可愛くなるから見ててね!」

どんな小さな努力でも、努力するって

ことが"あか抜け"の始まりだよ!

EFFORT EFFORT EFFORT EFFO

ここはにとって自分磨きは、自分を好きになるために必要なこと♥

「正直、自分磨きを本気でがんばろうって思ったのはPOPに入ってから。それまでもダイエットやメイクはしてたけど、まわりがやってたからやらなきゃってかんじだった。POPはみんな自己プロデュースがうまいから、ここはももっとがんばらなきゃって自分でちゃんと興味を持って自分磨きをするようになった♪入ったころは毎日お風呂に入るまえにメイクの練習をしてたよ！いまでもメイクやカラコン、自分に似合うものを模索中。最近は、ヘアメイクさんから〝髪巻くのうまいね〟とか〝まつ毛上げるのうまいね〟とか、ホメられるようになったよ♥うれしくて、マジもっと頑張ろうってかんじ！(笑)可愛くなったらホメられて、ホメられたら自己肯定感がUPして、もっと可愛くなりたいって思ってがんばる。いいことばっかり♪それに欠点が減っていくから自分のことが好きになるよ！いまはダイエットをがんばってる。1日にやることが多いとイヤになっちゃうから、簡単なことを2〜3コくらいやってる。短期間で結果を出そうとしてリバウンドしたことがあるから、いまはコツコツと。〝継続は力なり〟だよ★」

自分磨きをすれば、どんな女のコでも絶対に可愛くなれる!!

LOVE YOURSELF

Cocacha

ここちゃ

Contents

ONLY ONE

Yumepote
ゆめぽて

まわりと自分を比べない！
あなたにはあなたの可愛さがあるよ♥

可愛くなるって、だれかのため
じゃなく自分のためにやること！

「SNSで可愛くないってたくさんいわれてきた
から、万人ウケの可愛いじゃないって自覚して
る。だけど、別に落ち込んでなくて〝唯一無二っ
てことやん！〟ってポジティブに受け取ってる★　性
格は顔に出るから、自分が一緒にいて楽しいって思
える人といるようにしてる。そうしたら、表情が明
るくなるから可愛くなるよ♥　自分のことを大切にし
てくれる環境になるようにすることも、あか抜けの秘訣か
な。あか抜けるって自己満足だと思ってる。結局、可愛く
なりたい理由が自分のためじゃないと長続きしない！　そ
れに自分のためなら自分が満足するためにやってることだ
から、まわりに何をいわれても気にならなくなるよ。自分磨
きって、やったもん勝ち！　だったら、やったほうがよくない？
もしツラくなったら休けい。ストレスが溜まったまま自分磨き
しても可愛くなりませんから‼　がんばれるときにがんばればい
い。人それぞれがんばるタイミングは違うから比べなくていい！　も
ちろん可愛さもまわりと比べない‼　みんなにはみんなの可愛さがあ
るから、自分が満足する自分らしい自分でいてや〜★」

POPモデル No.1の
ダイエッター！

POPモデル No.1の
デカ目！

POPモデル No.1の
細太もも！

ANKOKO

COCOCHA

SAKUTIN

顔は
原寸サイズで
お届け！

身長・体重・スリーサイズから顔のパーツサイズまで！
リアルなサイズをサバ読みナシでぜ〜んぶ教えちゃいます♥

＆セルフメイク

POPモデル6人の、全身＆顔の細かすぎるサイズ表を大公開！
いる朝晩のルーティンや最新のセルフメイクも紹介するよ♥

可愛くなるためにやって
みんなの可愛いを大解剖!!

撮影／小川健[山本杏、谷田ラナ分]、原地達浩[さくら、阿部ここは、熊谷真里分]、堤博之[土屋悕来分]　※衣装はすべてモデル私物です。

POPモデル No.1の
細ウエスト！

POPモデル No.1の
脚長！

POPモデル No.1の
努力家！

KA-NAN

SERAPI

MARIKUMA

可愛くなるためにやってる
朝晩ルーティンも公開！

POPモデルの

最新サイズ表

7

JK3 さくら チャン
さくてぃん

忘れずに毎日努力し続けること！

「少しだけでもいいから、毎日忘れずに自分磨き！　いまはくびれをつくるのが目標♥」

さくてぃんの・朝晩ビューティールーティン・

🌙 Night

1 腹筋×10回を2セット

「毎日少しだけでも筋トレしてる。テレビとか動画を見ながらやったらあっという間！」

「両脚を90度に上げて、片脚ずつ上げ下げ。下げたときに床に脚をつけないでやると効果的！」

2 スマホを見ながら脚を上げ下げ

左右10回を目標に!!

3 家にいる日は基本的に自炊

「夜は太りやすいから、自炊して健康的なごはんを食べるようにしてる！　これはポトフ♥」

4 体重計に乗って体重を把握する

「毎日体重計に乗って、自分の現状を知ることが習慣になってる！　いまは体重維持ができてるよ♪」

☀ Morning

1 起きたらまず水を飲む

水を飲んで1日スタート！

「だいたいコップ1杯分くらいは飲んでるよ！　代謝が上がってヤセやすい体になる♪」

2 体にフルーツを与える

「フルーツを朝食べると腸内環境が整うし、肌にもいいからカットフルーツを買いだめしてる！」

3 むくみを取るためにマッサージ

「寝てるあいだにむくんだ脚に、ボディークリームを塗って保湿しながらマッサージする♥」

4 徒歩移動のときは1駅分歩く

GO!

「ちょっとした移動は歩くようにしてる！　1駅分の移動なら余裕で歩いて行くよ〜」

体で好きなパーツ

首

首が長いから、タートルネックみたいな首元が強調される服が映えて、けっこう好き（笑）。

夏に向けて引きしめる
体重は継続してキープ中♥

全身サイズ表

部位	サイズ
首まわり	30.6cm
首の長さ	9.1cm
バスト	74.5cm
二の腕	22.7cm
腕の長さ	52.4cm
手首	13.4cm
手のサイズ	16.2cm
ウエスト	57.8cm
ヒップ	79.8cm
太もも	45.8cm
ひざ下	37.3cm
ふくらはぎ	30cm
足首	19.1cm
股下	74.6cm
身長	154.1cm
体重	41.7kg
足のサイズ	24cm

理想の体型

藤田ニコルサン

ヤセてるのに引きしまってて、最高!!　筋肉がしっかりついていて理想的なカッコいい体型！

原寸フェイス ~最新メイク ver.~

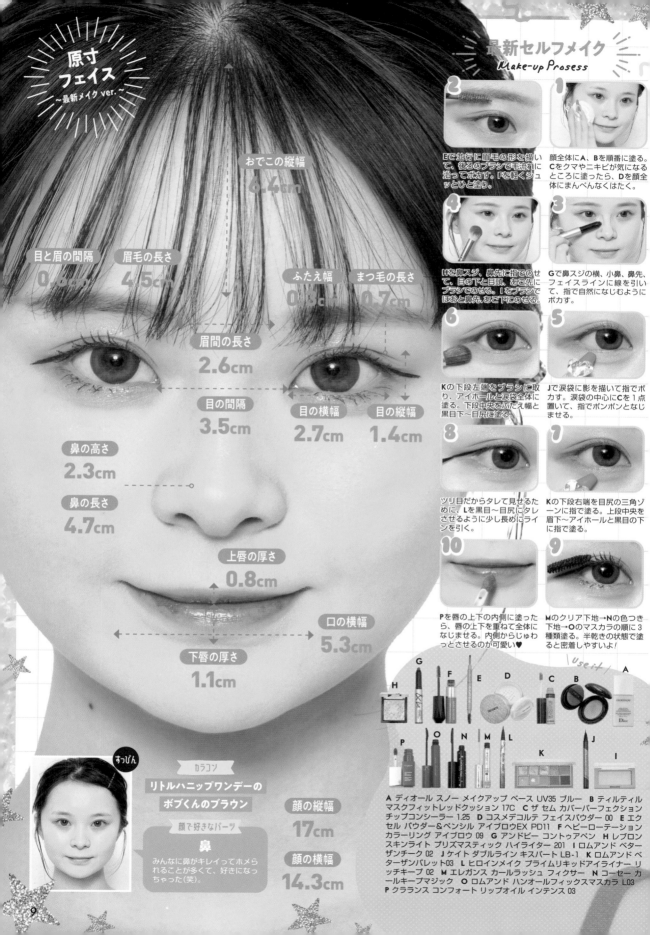

おでこの縦幅 6.4cm

目と眉の間隔 0.8cm

眉毛の長さ 4.5cm

ふたえ幅 0.8cm

まつ毛の長さ 0.7cm

眉間の長さ 2.6cm

目の間隔 3.5cm

目の横幅 2.7cm

目の縦幅 1.4cm

鼻の高さ 2.3cm

鼻の長さ 4.7cm

上唇の厚さ 0.8cm

口の横幅 5.3cm

下唇の厚さ 1.1cm

すっぴん

カラコン
リトルハニップワンデーの
ボブくんのブラウン

顔で好きなパーツ
鼻
みんなに鼻がキレイってホメられることが多くて、好きになっちゃった(笑)。

顔の縦幅 17cm

顔の横幅 14.3cm

最新セルフメイク
Make-up Prosess

1 顔全体にA、Bを順番に塗る。Cをクマやニキビが気になるところに塗ったら、Dを顔全体にまんべんなくはたく。

2 Eで並行に眉毛の形を描いて、後ろのブラシで毛流れに沿ってボカす。Fを軽くジュッとひと塗り。

3 Gで鼻スジの横、小鼻、鼻先、フェイスラインに線を引いて、指で自然になじむようにボカす。

4 Hを鼻スジ、鼻先に指でのせて、目の下と目頭、あご先にブラシでのせる。Iをブラシでほと鼻先、あご下にのせる。

5 Jで涙袋に影を描いて指でボカす。涙袋の中心にCを1点置いて、指でポンポンとなじませる。

6 Kの下段左端をブラシに取り、アイホールと涙袋全体に塗る。下段中央をふたえ幅と黒目下〜目尻に塗る。

7 Kの下段右端を目尻の三角ゾーンに指で塗る。上段中央を眉下〜アイホールと黒目の下に指で塗る。

8 ツリ目だからタレて見せるために、Lを黒目〜目尻にタレさせるように少し長めにラインを引く。

9 Mのクリア下地→Nの色つき下地→Oのマスカラの順に3種類塗る。半乾きの状態で塗ると密着しやすいよ!

10 Pを唇の上下の内側に塗ったら、唇の上下を重ねて全体になじませる。内側からじゅわっとさせるのが可愛い♥

\Use it!/

A ディオール スノー メイクアップ ベース UV35 ブルー B ティルティル マスクフィットレッドクッション 17C C ザ セム カバーパーフェクション チップコンシーラー 1.25 D コスメデコルテ フェイスパウダー 00 E エクセル パウダー&ペンシル アイブロウEX PD11 F ヘビーローテーション カラーリング アイブロウ 09 G アンドビー コントゥアペン H レブロン スキンライト プリズマスティック ハイライター 201 I ロムアンド ベターザンチーク 02 J ケイト ダブルライン キスパート LB-1 K ロムアンド ベターザンパレット03 L ヒロインメイク プライムリキッドアイライナー リッチキープ 02 M エレガンス カールラッシュ フィクサー N コーセー カールキープマジック O ロムアンド ハンオールフィックスマスカラ L03 P クラランス コンフォート リップオイル インテンス 03

ビューティールール

阿部ここは チャン

ここちゃ

サボるくらいなら ムリして やりすぎないこと!

「筋トレやマッサージは多すぎるとイヤになって続かないから、自分に合うものだけ!」

ここちゃの ・朝晩ビューティールーティン・

☾ Night

**1 気づいたときに
顔のツボを押す**

「ヒマなときに、顔が小さくなるようにあごの下のツボを少し痛いくらい押す!」

**2 歯磨きしながら
背伸び**

ながらで鍛えるよ

「歯磨きをしながらふくらはぎの筋肉を鍛えてる! ながらだとゆるく続けられるから◎」

**3 ソーラン節
を踊る**

「なるねぇ's の『全身痩せるソーラン節』の動画を見ながら、全力でマネして踊る!」

**4 お風呂のあとに
足首をまわす**

「足の指に手の指を組んで、足首を回す。お風呂あがりにやると、さらに血行がよくなるよ♪」

☀ Morning

**1 ごはんのまえに
白湯を飲む**

「起きてすぐに内側から体を温める! 代謝が上がるし肌もキレイになるからGOOD」

**2 絶対ヨーグルトを
食べる**

yummy

「朝にヨーグルトを食べると腸内環境が整うから、毎朝欠かさずに1コ食べてるよ!」

**3 冷やした朝マスク
をする**

「冷やしパックはむくみを解消できるから、朝マスクを冷蔵庫で冷やしてる♪」

**4 特別な日は
小顔マッサージ**

顔よ小さくなってくれ〜!

「人さし指と中指の第二関節であごをはさんで、フェイスラインをなぞる! 小顔になる気がする!」

体で好きなパーツ

デコルテ

デコルテはホメられることが多くて、好きになった(笑)。首が長いところもけっこう好き!

理想の体型

せらぴー

手脚の長さ・細さ、身長がスラッとしてて長くて、全身のバランスがいい! スタイル◎!

少しヤセたってホメられた♥ 健康的にスタイル維持したい!

全身サイズ表	
首まわり	31.1cm
首の長さ	9.3cm
バスト	78.6cm
二の腕	22cm
腕の長さ	57.5cm
手首	13.8cm
手のサイズ	18.3cm
ウエスト	61.5cm
ヒップ	88.4cm
太もも	47.9cm
股下	78.5cm
ひざ下	39.4cm
身長	164cm
足首	19.1cm
体重	49kg
足のサイズ	24.5cm
ふくらはぎ	33.4cm

原寸フェイス
~最新メイク ver.~

おでこの縦幅 6.2cm

目と眉の間隔 0.6cm　**眉毛の長さ** 5.9cm

ふたえ幅 0.4cm　**まつ毛の長さ** 0.7cm

眉間の長さ 3cm

目の間隔 3.7cm

目の横幅 3.3cm　**目の縦幅** 1.3cm

鼻の高さ 2.2cm

鼻の長さ 5cm

上唇の厚さ 0.7cm

口の横幅 4.7cm

下唇の厚さ 1.2cm

すっぴん

カラコン
超モテコン ウルトラマンスリーの
ウルトラメガベイビー

顔で好きなパーツ
目
目が大きいところが昔から気に入ってる！ プリで盛れるから、より好きになった！

顔の縦幅 18.4cm

顔の横幅 14cm

最新セルフメイク
Make-up Prosess

2 Dの上段左端でアイホール全体と涙袋を囲む。上段左から2番目で同じように目元上下を囲む。

1 顔全体にAをのせてパフでのばす。Bをほお中心に薄く塗る。Cをパフではたき、ブラシでのばす。

4 ブラシで眉毛の毛流れを整えたら、Eを毛流れに沿って塗る。眉毛はしっかり生えてるから、眉マスカラのみ！

3 Dの上段と下段の左から2番目を混ぜて、目尻のキワと涙袋に塗る。下段中央を目尻のキワに重ねて塗る。

6 ビューラーでまつ毛を上げてGを塗る。さらにホットビューラーで上げて、上まつ毛にH、下まつ毛にIを塗る。

5 Fで目頭～黒目外側までねんまくを埋める。タレ目だからパッと見えるように目尻ラインは上に向かって引く。

8 Lを鼻スジに指でのせてボカし、顔を1周囲むようにブラシでのせる。Mをほお高いところと鼻先、あごにのせる。

7 Jで涙袋に影を描いて指でボカす。Dの上段中央のラメを黒目の上と涙袋にのせ、Kを涙袋の目頭～黒目下にのせる。

10 唇全体にOを塗る。フチもしっかりリンカクに沿って塗って、バキッと濃いめに発色させるよ。

9 Nを眉尻～目尻下のCゾーンにのせる。鼻にのせるとテカって見えちゃうから、Cゾーンだけだよ！

Use it

A スキンアクア トーンアップUVエッセンス ミントグリーン　B クリオ キル カバー フィクサー クッション 03　C コスメデコルテ フェイスパウダー 10　D クリオ プロアイパレット 02　E ヘビーローテーション カラーリング アイブロウ 09　F ラブ・ライナー リキッドアイライナーR4 モカグレージュ　G キャンメイク クイックラッシュカーラー　H デジャヴュ キープスタイルマスカラ　I エテュセ アイエディション（マスカラベース）　J セザンヌ 描くふたえアイライナー 20　K ロムアンド リキッド グリッターシャドウ 01　L フーミー ほりふかシャドウ　M セザンヌ ナチュラル チークN 04　N アディクション ザ ブラッシュ ニュアンサー 001N　O キャンメイク ジューシーリップティント 03

11

ビューティールール

20歳 熊谷真里 チャン

まりくま

外見ではなく 内面からキレイに♥

「外見を磨くだけではなくて、体の内側や心をつねにキレイに保つことが大切♥」

全身サイズ表

体型になってきたよ♪

ほどよく女のコっぽい

まりくまの・朝晩ビューティールーティン・

🌙 Night

1 夜ごはんは プチトマトから 食べる

「トマトから食べると満腹感がえられて、食べすぎを抑えられる！好きすぎて箱買いしてる（笑）」

2 1日5分だけでも 筋トレをする

「ひねり腹筋やプランクなどの軽い筋トレを、毎日最低5分間はテレビを見ながらやってる！」

3 湯船の中で 脚のマッサージ

「脚のむくみを取るために、お風呂に浸かりながら脚全体を揉みほぐしてマッサージ♥」

4 寝るときは 美容鍼を貼る

これがオススメ♪

「ファロスの円皮鍼を貼って寝る。肩こりやむくみが軽減されるからオススメだよ！」

☀ Morning

1 牛乳を1杯 飲んで腸活

今日も1日がんばるぞ〜！

「腸活のために、朝ごはんを食べながら牛乳をコップ1杯分は必ず飲むようにしてるよ！」

2 食後1時間は イスに座って 過ごす

「食べ終わってすぐに横になると消化不良になるから、上半身を起こすためにイスに座ってる」

3 家の階段を 5分間 昇り降りする

「軽い運動がてらに、家の階段を昇ったり降りたり、朝のスキマ時間を有効に活用してるよ♪」

4 コルセットで ウエストをしめる

「おなかが空かなくなるし食べすぎ防止にもなるから、家ではつねにコルセットをつけて生活中♥」

部位	サイズ
首まわり	32.3cm
首の長さ	7.2cm
バスト	81.4cm
二の腕	23.3cm
腕の長さ	54.9cm
手首	14cm
手のサイズ	17.7cm
ウエスト	61cm
ヒップ	86.9cm
太もも	51cm
ひざ下	39.1cm
股下	75cm
ふくらはぎ	32.7cm
足首	19.5cm
足のサイズ	24.5cm
身長	162cm
体重	47kg

体で好きなパーツ

手首

骨が出ていて、少しきゃしゃなかんじもある手首！ブレスレットが映えるから好き♥

理想の体型

ちぃぽぽサン

ザ・女性な体型で憧れる♥ キレイに引きしまっているウエストや脚のラインが理想的！

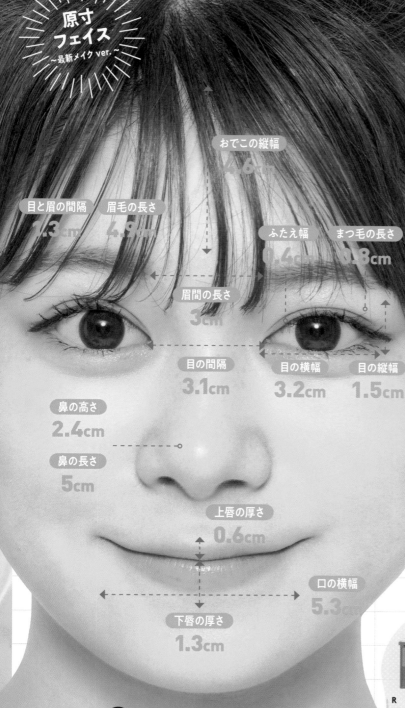

原寸フェイス
〜最新メイク ver.〜

おでこの縦幅
4.6cm

目と眉の間隔
1.3cm

眉毛の長さ
4.9cm

ふたえ幅
0.4cm

まつ毛の長さ
0.8cm

眉間の長さ
3cm

目の間隔
3.1cm

目の横幅
3.2cm

目の縦幅
1.5cm

鼻の高さ
2.4cm

鼻の長さ
5cm

上唇の厚さ
0.6cm

口の横幅
5.3cm

下唇の厚さ
1.3cm

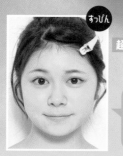

すっぴん

カラコン
**超モテコン ウルトラワンデーの
つやモテベイビー**

顔で好きなパーツ
涙袋
メイクで描かなくてもぷっくりしてるから、お気に入りのパーツ♥ お母さんの遺伝だよ！

顔の縦幅
17.6cm

顔の横幅
13.3cm

---

2 Dをクマやニキビが気になるところに置いて、なじませる。Eをブラシに取って、顔全体にのせる。

1 Aをおでこ、両ほお、あご、鼻に5点置きして手で広げる。ファンデはBとCの2色を混ぜて指で顔全体にのばす。

4 Hの2色をブラシにとって、鼻スジ、鼻の下のくぼみ、唇の下、あご下、フェイスラインにのせて指でボカす。

3 眉毛が短いから、Fで長めにリンカクを描いて埋める。Gを毛流れの逆から塗って、毛流れに沿ってもう1度塗る。

6 Iの下段右端と右から2番目をブラシで混ぜて黒目下から並行にラインを引く。Jの上段左端を黒目の上に指で塗る。

5 Iの下段左端をアイホール全体に指で塗る。Jの上段右端をふたえ幅の黒目の上〜目尻だけに指で塗る。

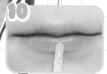 

8 Mでまつ毛に下地を塗り、乾いたらNのマスカラを塗る。束感を出すために、ピンセットで等間隔に束をつくる。

7 Kを目の形に沿って目尻に引き、目頭〜黒目までねんまくを埋める。Lを目頭〜黒目に引いて涙袋にラメ感ON。

10 Qを唇の上下の内側に薄く塗って、唇の上下を重ねて全体になじませる。Rのグロスを上から塗ってちゅるんと♥

9 Oを鼻スジ、鼻の頭、唇の上、あご先、眉尻〜目尻下のCゾーンにのせる。Pを笑ったときに丸くなる部分にのせる。

Use it

A ジルスチュアート ブライト&スムース セラムプライマー　B メイクアップフォーエバー ウルトラハイディフィニションファンデーション Y205, C 同 Y245　D エチュード ビッグカバーフィットコンシーラー N04　E キャンディドール ホワイトピュアパウダー シャイニー　F エクセル パウダー&ペンシル アイブロウEX PD10　G ケイト 3Dアイブロウカラー BR-3　H エチュード コントゥアパウダー インベンター　I ロムアンド ベターザンパレット 05, J 同 02　K ヒロインメイク スムースリキッドアイライナー スーパーキープ 02　L ロムアンド トゥインクルペンライナー 01　M ケイト ラッシュフォーマー クリア　N ヒロインメイク ボリューム&カール マスカラ スーパーWP 01　O ティルティル マイグロウハイライター アンプル　P キャンメイク マットフルールチークス 02　Q M・A・C パウダー キス リキッドリップカラー 988　R ロムアンド グラスティングウォーターグロス 00

JK2

山本杏 (あんころ) チャン

ビューティールール

すぐあきらめない！
ムダなものを食べない！

「自分自身が満足のいくスタイルにしたいから、あきらめないでコツコツがんばってる！」

全身サイズ表

自分のよさを見せられるパーツを見つけたい！

・朝晩ビューティールーティン・

あんころの

🌙 Night

1 筋膜ローラーでマッサージ

「筋肉がほぐれて痛みがなくなるくらいまで、ふくらはぎと太ももをマッサージするよ♪」

コロコロ〜

楽しくヤセる♪

ダンスで

2 アイドルの練習日はダンスを2時間

「ぷれっぢの練習がある日は、だいたい2時間くらいダンスしてる！ 楽しくヤセられて◎」

3 プランクを1曲分やる

「ルセラフィムもやってるプランクを1曲分してる！ めっちゃキツいけどそのぶん腹筋にきく！」

4 休足時間を脚に貼って寝る

「たくさん歩いた日や脚がむくんだ日は休足時間を貼って寝ると、朝起きたときスッキリ♪」

☀ Morning

1 朝食はグルテンフリーを意識

小麦は食べない！

NG!

「血糖値が上がるのを防ぐために、朝は基本的にフルーツやスープを食べる！」

2 壁に脚をつけてパタパタ

パタパタ

「血流が下にたまらないように脚を90度に上げて、壁にかかとをつけてパタパタ動かす！」

3 脚を広げて柔軟をする

「ダンスをしてるから体をやわらかくするために、前と左右に倒れて柔軟してる！」

4 イスに座ってるときに脚上げ

おなかも脚もキツい

「授業中に友だちと目があったときに、どっちが長く脚を上げていられるか対決してる（笑）」

首まわり
29.7cm

首の長さ
7.2cm

バスト
80cm

二の腕
22.9cm

腕の長さ
53.7cm

手首
14.2cm

手のサイズ
16.3cm

太もも
48.9cm

理想の体型
TWICEのモモサン

細すぎず太すぎず、自分の魅力をしっかりと見せられるスタイルで憧れる！

ふくらはぎ
33.5cm

足首
19.5cm

ウエスト
61.3cm

ヒップ
89.6cm

股下
73.8cm

ひざ下
36.3cm

体で好きなパーツ
お尻

「キレイなお尻だね」っていわれることが多いから、自信が持てるようになってきたパーツ！

身長
157.3cm

体重
45.6kg

足のサイズ
24cm

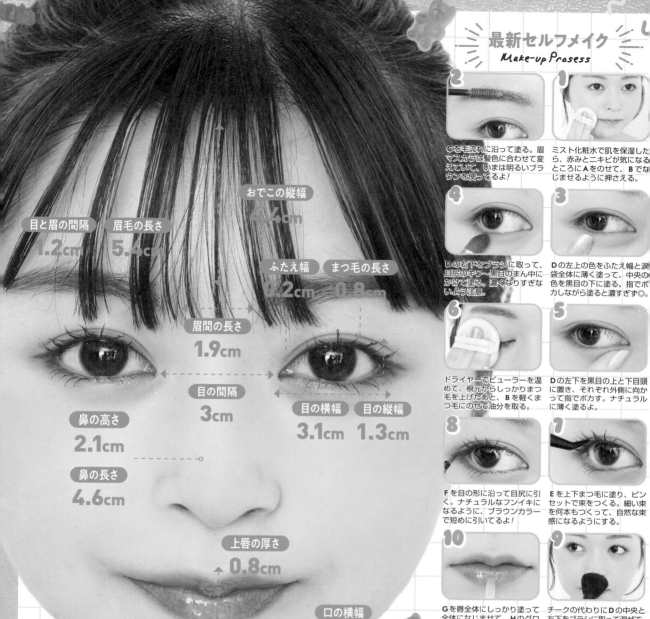

おでこの縦幅
4.4cm

目と眉の間隔
1.2cm

眉毛の長さ
5.4cm

ふたえ幅
1.2cm

まつ毛の長さ
0.8cm

眉間の長さ
1.9cm

目の間隔
3cm

目の横幅
3.1cm

目の縦幅
1.3cm

鼻の高さ
2.1cm

鼻の長さ
4.6cm

上唇の厚さ
0.8cm

口の横幅
4.4cm

下唇の厚さ
1cm

すっぴん

カラコン
ミムコの
ブラウンフォンデュ

顔で好きなパーツ
涙袋

涙袋は大きくてぷっくりしてるから、メイクをするとさらに盛れて好き!!

顔の縦幅
18.7cm

顔の横幅
14.5cm

2
Cを毛流れに沿って塗る。眉マスカラは髪色に合わせて変えていて、いまは明るいブラウンを使ってるよ!

1

ミスト化粧水で肌を保湿したら、赤みとニキビが気になるところにAをのせて、Bでなじませるように押さえる。

4
Dの右下をブラシに取って、目尻のキワ〜黒目のまん中にかけて塗る。濃くなりすぎないよう注意。

3
Dの左上の色をふたえ幅と涙袋全体に薄く塗って、中央の色を黒目の下に塗る。指でボカしながら塗ると濃すぎず◎。

6
ドライヤーでビューラーを温めて、根元からしっかりまつ毛を上げたあと、Bを軽くまつ毛にのせて油分を取る。

5
Dの左下を黒目の上と下目頭に置いて、それぞれ外側に向かって指でボカす。ナチュラルに薄く塗るよ。

8
Fを目の形に沿って目尻に引く。ナチュラルなフンイキになるように、ブラウンカラーで短めに引いてるよ!

7
Eを上下まつ毛に塗り、ピンセットで束をつくる。細い束を何本もつくって、自然な束感になるようにする。

10
Gを唇全体にしっかり塗って全体になじませて、Hのグロスを上から塗る。ぷっくり感をプラスするよ♥

9
チークの代わりにDの中央と右下をブラシに取って混ぜて、ほおの高いところと鼻先にのせる。

\ use it /

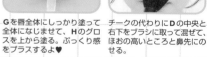

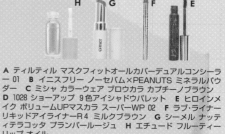

A ティルティル マスクフィットオールカバーデュアルコンシーラー 01　**B** イニスフリー ノーセバム×PEANUTS ミネラルパウダー　**C** ミシャ カラーウェア ブロウカラ カプチーノブラウン　**D** 1028 ショーアップ 9色アイシャドウパレット　**E** ヒロインメイク ボリュームUPマスカラ スーパーWP 02　**F** ラブ・ライナー リキッドアイライナーR 4 ミルクブラウン　**G** シーメル ナッティ テラコッタ プランパールージュ　**H** エチュード フルーティー リップ オイル

JC3 ♡ **土屋慢来チャン** せらぴー

ビューティールール

努力は必ず結果に出るから
継続がいちばん！

「続けることが大事だし、やったらそのぶんだけ結果がついてくるって信じてる！」

らぴーの・**朝晩ビューティールーティン**・

☾ Night

❤ 1
ヤセる
ダンスを
踊る

「『HandClap』を流してヤセるダンスを、体力がなくなるまで踊る！ 次の日は全身筋肉痛に…（笑）」

脚よ
細くなれ～

2
週2で1人
ランニング

「水をしっかり飲んでから20分くらい走るよ。お姉ちゃんと記録を報告しあって、モチベあげてる！」

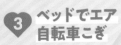

3
ベッドでエア
自転車こぎ

「寝るまえにベッドでスマホを見ながら脚を回しまくる！ おなかにも脚にもきくからオススメ」

❤ 4
夜更かしせずに
早く寝る

「22時に寝るのを目標にしてる！ 夜ごはんは19時ごろまですませて、寝る3時間まえは食べないよ！」

☀ Morning

今日もよく寝た～！

❤ 1
起きたら
大きく
伸びをする

「しっかり目を覚ますために、日光を浴びながら大きく伸びをして、1日をスタートさせるよ！」

2
ごはんは
よく噛んで
食べる

モグ モグ

「ひと口30回を目標によく噛んで食べてる！ 満腹感がえられるし消化されやすい気がする！」

3
飲み物は
水or
ウーロン茶

「基本的に水かウーロン茶。ジュースは糖分が多いから、たまにしか飲まないよ！」

❤ 4
大股&
早歩きで通学

「家から学校まで20分くらいかかるんだけど、大股かつ早歩きで通学中もしっかり有酸素運動♪」

体で好きなパーツ
脚
長くて細い！（笑） それを保つために毎日マッサージをしてるから、自慢のパーツだよ！

理想の体型
**IVEの
ウォニョンサン**
体型のバランスがよくて、脚も長くてうらやましい！ 身長も高くて理想♥

サイズ項目	計測値
首まわり	29.8cm
首の長さ	10.1cm
バスト	73.3cm
二の腕	20.5cm
腕の長さ	56cm
手首	13.4cm
手のサイズ	18.3cm
ウエスト	57.2cm
ヒップ	83.8cm
太もも	47cm
ひざ下	41.7cm
ふくらはぎ	31.9cm
股下	80cm
足のサイズ	25cm
身長	164.4cm
体重	45.1kg
足首	19.6cm

スタイルを維持するために努力はおこたらない！

原寸フェイス
～最新メイク ver.～

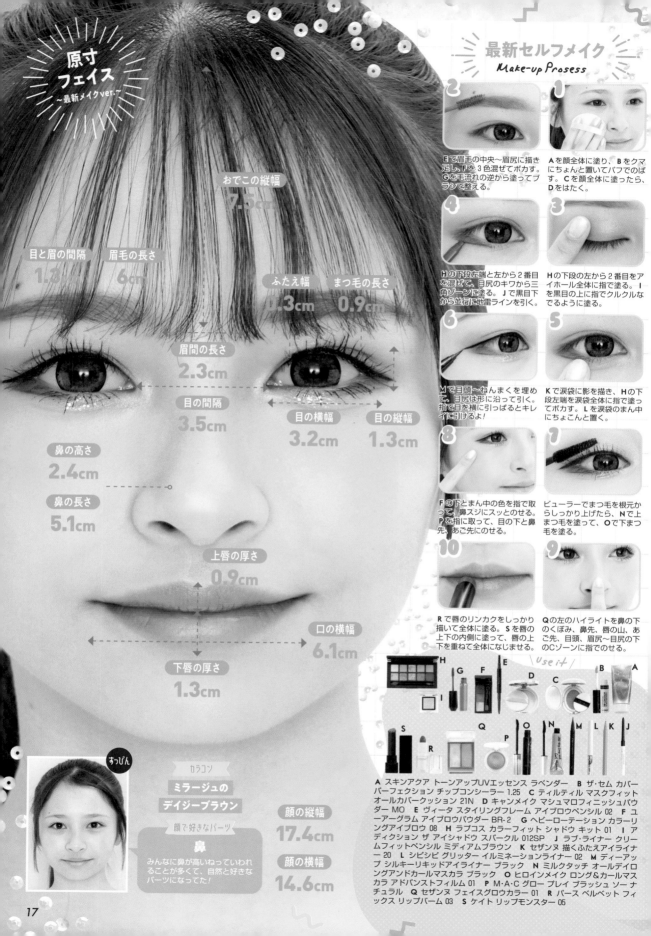

おでこの縦幅
7.5cm

目と眉の間隔
1.3cm

眉毛の長さ
6cm

ふたえ幅
0.3cm

まつ毛の長さ
0.9cm

眉間の長さ
2.3cm

目の間隔
3.5cm

目の横幅
3.2cm

目の縦幅
1.3cm

鼻の高さ
2.4cm

鼻の長さ
5.1cm

上唇の厚さ
0.9cm

口の横幅
6.1cm

下唇の厚さ
1.3cm

すっぴん

カラコン
ミラージュの
デイジーブラウン

顔で好きなパーツ
鼻
みんなに鼻が高いねっていわれることが多くて、自然と好きなパーツになってた！

顔の縦幅
17.4cm

顔の横幅
14.6cm

最新セルフメイク
Make-up Prosess

1 Aを顔全体に塗り、Bをクマにちょんと置いてパフでのばす。Cを顔全体に塗ったら、Dをはたく。

2 Eで眉毛の中央～眉尻に描き足し、Fを3色混ぜてボカす。Gを毛流れの逆から塗ってブラシで整える。

3 Hの下段の左から2番目をアイホール全体に指で塗る。Iを黒目の上に指でクルクルなでるように塗る。

4 Hの下段左端と左から2番目を混ぜて、目尻のキワから三角ゾーンに塗る。Jで黒目下から並行に地雷ラインを引く。

5 Kで涙袋に影を描き、Hの下段左端を涙袋全体に指で塗ってボカす。Lを涙袋のまん中にちょこんと置く。

6 Mで目頭～ねんまくを埋めて。目尻は形に沿って引く。指で目を横に引っぱるとキレイに引けるよ！

7 ビューラーでまつ毛を根元からしっかり上げたら、Nで上まつ毛を塗って、Oで下まつ毛を塗る。

8 Fの下とまん中の色を指で取って、鼻スジにスッとのせる。Pを指に取って、目の下と鼻先、あご先にのせる。

9 Qの左のハイライトを鼻の下のくぼみ、鼻先、唇の山、あご先、目頭、眉尻～目尻の下のCゾーンに指でのせる。

10 Rで唇のリンカクをしっかり描いて全体に塗る。Sを唇の上下の内側に塗って、唇の上下を重ねて全体になじませる。

Use it

A スキンアクア トーンアップUVエッセンス ラベンダー B ザ・セム カバーパーフェクション チップコンシーラー 1.25 C ティルティル マスクフィット オールカバークッション 21N D キャンメイク マシュマロフィニッシュパウダー MO E ヴィータ スタイリングフレーム アイブロウペンシル 02 F ユーアーグラム アイブロウパウダー BR-2 G ヘビーローテーション カラーリングアイブロウ 08 H ラブコス カラーフィット シャドウ キット 01 I アディクション ザ アイシャドウ スパークル 012SP J ラブ・ライナー クリームフィットペンシル ミディアムブラウン K セザンヌ 描くふたえアイライナー 02 M ラブ・ライナー 20 L シピシピ グリッター イルミネーションライナー 02 M ラブ・ライナー シルキーリキッドアイライナー ブラック N ミルクタッチ オールデイロングアンドカールマスカラ ブラック O ヒロインメイク ロング＆カールマスカラ アドバンストフィルム 01 P M・A・C グロー プレイ ブラッシュ ソーナチュラル Q セザンヌ フェイスグロウカラー 01 R バース ベルベット フィックス リップバーム 03 S ケイト リップモンスター 05

JK1

谷田ラナチャン らーなん

ビューティールール

みんなのキレイにとらわれないで 自分らしさを大事に！

「まわりの人と比べるんじゃなくて、昔の自分と比べるようにしてるよ！」

全身サイズ表

女性らしい体型になりたい♥ 自分のよさを活かして

らーなんの・朝晩ビューティールーティン・

☾ Night

1 20時に歯磨きして食欲を減少させる

「夜中まで寝られないとラーメンが食べたくなっちゃうから、早めに歯磨きして食欲防止！」

2 お風呂の中でバストマッサージ

「デコルテをグーでなぞって、背中からワキに向けてリンパを流すよ！」

3 1分間の脚パカ

1分間パカパカ！

「脚を90度に上げて、1分間ひたすら脚パカ！ スマホを見ながらヒマなときにやるようにしてる！」

4 着圧スパッツをはいて寝る

Zzz

「寝るときにはくと、次の日の脚のむくみが半減する！ ドンキで買ったものを愛用中♥」

☀ Morning

1 大好きなオレンジを食べる

「フルーツが大好きで、とくにビタミンCが摂れるオレンジが好きだから、朝に食べてる♪」

2 メイク中は耳にチビゴムをかける

Zoom up!

「朝はむくみやすいからチビゴム必須！ 目元のむくみが取れて顔がスッキリするよ！」

3 小顔ローラーをコロコロ

コロコロ～

「メイクまえに5分くらいフェイスラインをコロコロして、溜まっているリンパを流す！」

4 スマホを見ながらあいうえお体操

「口を大きくあけて、あいうえお体操！ 顔の筋肉をストレッチしてほぐしてあげるよ」

あーいーうーえーおー

首まわり	29.8cm
首の長さ	7.5cm
バスト	75.9cm
二の腕	20.2cm
腕の長さ	50.2cm
手首	13.7cm
手のサイズ	16cm

ウエスト	55.8cm
ヒップ	82.5cm
太もも	47.3cm
股下	73.4cm

理想の体型

PyunA.サン

全体的にムダがなく、細いけど細すぎず女性らしい体型。ボン！キュ！ボン！キュ！ってかんじ！

体で好きなパーツ

お尻

お尻は大きいわけではないけど、形がいいってよくいわれるから好きなパーツだよ！(笑)

身長 157.6cm

体重 43kg

ひざ下	37cm
ふくらはぎ	32.6cm
足首	20cm
足のサイズ	23.5cm

最新セルフメイク
Make-up Prosess

おでこの縦幅
5.7cm

目と眉の間隔
0.9cm

眉毛の長さ
5.3cm

ふたえ幅
0.5cm

まつ毛の長さ
0.8cm

眉間の長さ
2.6cm

目の間隔
3.3cm

目の横幅
2.6cm

目の縦幅
1.1cm

鼻の高さ
2.2cm

鼻の長さ
5cm

上唇の厚さ
0.8cm

口の横幅
4.9cm

下唇の厚さ
1.1cm

1 Aを顔全体に塗って、Bをポンポンとのせる。厚塗り感が出ないように、ほおを中心に薄くのせるよ。

2 Cで眉毛のリンカクをなぞってボカす。Dの3色をブラシに取って混ぜて、眉毛のすき間を埋めるようにのせる。

3 Eを毛の流れに沿って3回くらいなぞるように塗る。地眉がしっかり生えてるから軽く塗るよ。

4 Fの左上の色をブラシに取って、アイホール全体と涙袋に塗って囲み目に。右下の色を上下目尻の三角ゾーンに塗る。

5 Gを黒目の上と下にのせて、指でボカす。グリッターの大きなラメを黒目の下にちょんとのせて目元を華やかに!

6 ビューラーでまつ毛を上げて、Hを全体に塗る。下まつ毛はコームを縦にして塗るよ。Iを上まつ毛に重ね塗りする。

7 Jをほおの中心から斜め上にブラシでスッとのせる。鼻先にものせると血色感が出て、可愛い印象になるよ。

8 Dの右と左を混ぜて、眉頭の下→鼻先までまっすぐにブラシで軽くのせる。指でボカしてなじませるよ!

9 Kを目頭、鼻のつけ根、鼻先、目の下にブラシでのせて、指でボカす。ブラシでのせると自然なツヤ感が出る!

10 Lを唇全体にしっかり塗って、唇の上下を重ねて全体になじませる。リンカクをフチどってぷっくりさせるよ。

すっぴん

カラコン
つけてないよ!

顔で好きなパーツ
涙袋
海外の方みたいな唇っていわれる! 唇が大きいところと下唇の縦線がお気に入り♥

顔の縦幅
17.5cm

顔の横幅
12.9cm

\ use it /

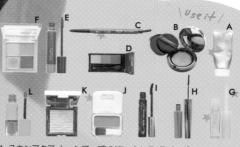

A スキンアクア トーンアップUVエッセンス ラベンダー **B** ミシャ Mクッションファンデーション プロカバー **C** ジェネ トウキョウ 3WAY アイブロウ 三角芯タイプ 02 **D** ドーリーエンジェル DQ アイブロウパレット 01 **E** エクセル カラーオン アイブロウ CO03 **F** ロムアンド ベターザンアイズ 01 **G** ペリペラ シュガー トゥインクル リキッド グリッター 01 **H** デジャヴュ ラッシュ アップマスカラ E1 **I** ヒロインメイク ロングUPマスカラ スーパーWP 01 **J** セザンヌ ナチュラル チークN 17 **K** クリオ プリズム エアー ハイライター 01 **L** クリオ デューイブラーティント 05

はじめてメイク

メイクの基本を
解説＆おさらい！

校則すり抜け
学校メイク

学校ではすっぴん風
メイクで可愛く♪

メイクで可愛くなる！

いちばんあか抜ける自分磨き
といえばメイク！　基本のメイク法は
もちろん、みんなのリアルなテクや
カラコン＆ネイルまで紹介しちゃうよ★

撮影／堤博之（桃伽、さくら、惺来分）、
楠本隆貴（will creative）
〔加純分〕、原地達浩〔否分〕

リアル JK & JC
セルフメイク

メイクのこだわりや
盛れテクを紹介！

K-POP
アイドルメイク

なりたいキャラ別の
オススメをチェック★

カラコン＆セルフネイル

人気2大アイドルの
メイクをマネっこ♥

上・シャツ￥3299／ウィゴー　イヤリング￥330／ラティス　下・トップス￥3190／スピーガ渋谷109店　ネックレス￥330／ラティス

基本メイクに必要なコスメ

下地
コンシーラー
ファンデ
フェイスパウダー
眉毛パウダー
ブラウンシャドー
涙袋アイテム
アイライナー
マスカラ
チーク
ハイライト
リップ

メイクの順番

ベース
眉毛
アイシャドー
涙袋
アイライン
マスカラ
チーク
ハイライト
リップ

あか抜けガールになれる

はじめてメイク

メイク初心者も、正しいやり方を改めて知りたいコも集合！ベース、眉毛、アイライン…メイクの"よくわかんない"をぜーんぶ解決！

メイクデビューしてみたいけど何から始めていいのかわからない！コスメはどれを買えばいいの？そんな迷えるみんなに、超基本からわかるメイクの教科書をお届け♥

モデル／小泉のん［一部プロセス］　撮影／堤博之、楠本隆貴（w-creative）［一部プロセス］、水流有沙（ADDICT_CASE）［結愛分］　ヘアメイク／榊ひかる（Lee-a）、tAiki［ここ分］　スタイリスト／小野奈央　編集・文／西野暁代
●掲載商品の問い合わせ先はP.96にあります。
※クレジットのない衣装はモデル私物です。

気になるコンプレックスはメイクで隠して美少女に♥

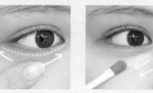

Step2

コンシーラーでクマやニキビをなかったことに

肌トラブルをピンポイントで隠しておけばファンデが厚塗りにならないよ。お悩みがないコは省略してもOK！

2. 広げすぎないようクマに密着させる★

指で軽く叩きながら左右にボカしてなじませる。このときに涙袋には色を広げないで。

1. クマの黒い部分に厚めにのせる

Aを目頭から斜め下に向かって塗る。涙袋は避けて、クマがある部分だけに塗るよ。

USE IT

C A B

CEZANNE

色を混ぜることで自分の肌色に合わせられる。セザンヌ パレットコンシーラー ハイカバー¥748／セザンヌ化粧品

4. ニキビの上はあまり触れずフチをボカす

Bを塗った部分にはあまりふれず、Cの部分だけを指で放射状に伸ばしてなじませる。

3. ニキビの上と外側で色を分けるのがテク

赤みがある部分にB、まわりにCを塗る。2色使うことで肌から浮かずになじむよ。

Step1

下地で日焼け防止＆肌の明るさをUP

最初に下地を塗ることでファンデのもちがUP。紫外線カットや肌をワントーン明るくする効果もあるよ。

USE IT

ほんのり血色感を足してくれる淡いピンクカラー。セザンヌ UVウルトラフィットベース EX 02¥748／セザンヌ化粧品

CEZANNE UV

1. パール1粒分を出して5点に置く

手の甲に出し、両ほお→おでこ→鼻→あごの順に均等に置く。塗る面積の大きい順に置くよ。

2. 指先で内→外へていねいにのばす

内側から外側に向かって指の腹でまんべんなくのばす。ゴシゴシこすらず、やさしくやるよ。

3. トントン塗りで毛穴を埋めちゃう！

鼻やほおなど毛穴が気になる場所は、毛穴を埋めるように指先でトントンなじませると◎！

厚塗りせずに薄く重ねるのが素肌感のコツ♡

1 ベースメイクの基本

肌がキレイなだけで可愛さ3割増し！ ベースメイクは手を抜かず、きちんとアイテムを重ねて清潔感のあるツヤ美肌に★

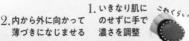

Step3

ファンデでツルスベ肌に整える

ファンデはクッションタイプが手軽で使いやすく、自然に仕上がる★

USE IT

透明感のあるツヤ肌が完成。ミシャ Mクッション ファンデーション（ネオカバー）No.23¥1980／ミシャジャパン

MISSHA

3. 細かい部分はスポンジを折って

小鼻横や目まわりはムラになりやすいのでスポンジを折って、ていねいにフィットさせる。

2. 内から外に向かって薄づきになじませる

番号の順に塗っていくよ。スポンジに軽く押しつけるようにして液を密着させて。

1. いきなり肌にのせずに手で濃さを調整

これくらい

スポンジの7割くらいに手にファンデを取り、手に数回ポンポンして余分な液をOFFする。

Q. 日中、崩れてきたらどうする？

A. キレイなスポンジで皮脂を吸い取ってからお粉を重ねよう♥

吸い取る！

スポンジなら皮脂を取りながら肌の表面を整えてくれる。そのあとお粉を塗れば美肌が復活。スポンジは100均で買えるよ。

ポンポン

Step4

テカりやすい部分をお粉でコーティング

Tゾーンなど皮脂が浮きやすい部分はお粉を重ねてメイク崩れを防止★

USE IT

皮脂を防ぎながら毛穴をカバーする効果も。デイジードール フェイスパウダー 02¥1650／クラブコスメチックス

2. テカりやすい部分にパウダーを塗る

手の甲で余分な粉を落としたらTゾーンやほおなど皮脂が出やすい部分に薄く塗ってね。

1. パフを半分に折って部分的に粉をとる

つけすぎると肌が粉っぽくなるので、量は少なめに。パフを折って軽めに粉をとるよ。

アイブロウの基本

眉毛を整えるだけでも顔の印象って変わるよ♪

眉毛は意外と流行感が出やすいから、トレンドの眉毛をマスターしよう♥ つくりこみすぎず、自然な形をいかすことがポイント！

イマドキ眉毛のポイント

Point 3
くっきりさせず
ふわっと描く

Point 2
眉山の角度は
なだらかに

Point 1
整えすぎず
自然な形を
キープ

Step1 いらない毛をそる＆カットしてボサボサ感をなくす

地眉をカットしておくと描くときもやりやすいし、すっぴんでもあか抜けて見える★

3. 眉山より上の毛と眉間をキレイに

1
左右非対称になりやすいので、眉山はあまりいじらないで。確実にいらない毛だけ抜く。

2
眉間の産毛も抜く。せまい部分なので、1本ずつ抜くほうがやりすぎを防げるよ！

2. 眉尻と眉山の位置を決めて外側を処理

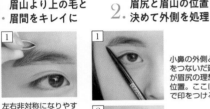

1
小鼻の外側と目尻をつないだ延長線が眉尻の理想的な位置。ここにペンで印をつける。

2
眉毛をぐいっと持ち上げていちばん高くなる位置が眉山。そこから①まで線でつなぐ。

3
線より外の毛をそって眉尻と眉山をはっきりさせる。ギリギリの毛はハサミが安心。

1. 眉の下ラインからハミ出た部分をOFF！

2
眉毛の生えてる方向に合わせてブラシでとかしながら、いらない部分の毛を確認するよ！

1
眉頭の下から眉尻に向かって眉ペンで直線でつなぐ。角度はつけず、なるべく水平を意識。

4
線からハミ出た長い毛はハサミでカット。左右同時に進めて、バランスを見ながらやろう！

3
毛流れと逆にかみそりを動かし、線から下の毛をそる。まつ毛を巻き込まないように注意。

この部分の毛を処理！

初心者はあまりいじらないほうが安心！

上まぶた、眉間、眉山より上の毛を処理していくよ。左右で眉山の高さが違うコはガイドラインを描いて、低いほうに合わせよう。

毛抜き／眉ハサミ／かみそり／ブラシ／眉ペン

USE IT

Step2 眉パウダーでナチュラルに形をつくる

くっきり形をつくるとむかしっぽい印象に。パウダーでボカしながらふんわり描いて♪

3
ブラシに残った粉で眉頭に色を足す。下から上にボカして鼻スジの影と自然につなげるよ★

5
描いたら必ずブラシでボカすこと。cで毛流れに沿ってとかし、アウトラインをなじませる。

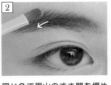

2
同じ色で眉山のすき間を埋める。毛流れに沿ってブラシを動かし、なだらかに形をつくる。

4
毛が足りなくてすき間が目立つ部分はbで1本ずつ描き足す。眉が濃いコはパウダーのみでOK。

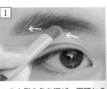

1
aの上側2色を混ぜ、眉頭から眉尻に向かって下ラインを描く。自眉のカーブに合わせてね。

USE IT

a
b
c

パウダーやペンの色は髪の明るさに合わせると自然。
a キャンメイク ミックスアイブロウ 02￥660／井田ラボラトリーズ　b セザンヌ 超細芯アイブロウ 02￥550／セザンヌ化粧品　c キャンドゥ まつ毛コーム＆スクリューブラシ￥100／編集部私物

描いてない風の眉毛がやさしそうで好感度大♥

トップス￥2530／エムズエキサイト（アールセン）　バレッタ￥1320／パリスキッズ原宿本店

アイシャドーの基本

メイクの方向性を決めるポイント。まずは定番のブラウンシャドーを使いこなして、グラデ塗りや涙袋テクをマスターしよう。

使い回しやすいのはマット×ラメのブラウンパレット

ラメ・パール・マットの質感がセットに。セザンヌ ベージュトーンアイシャドウ 02 ¥748／セザンヌ化粧品

このパレットを **3パターン** に活用！

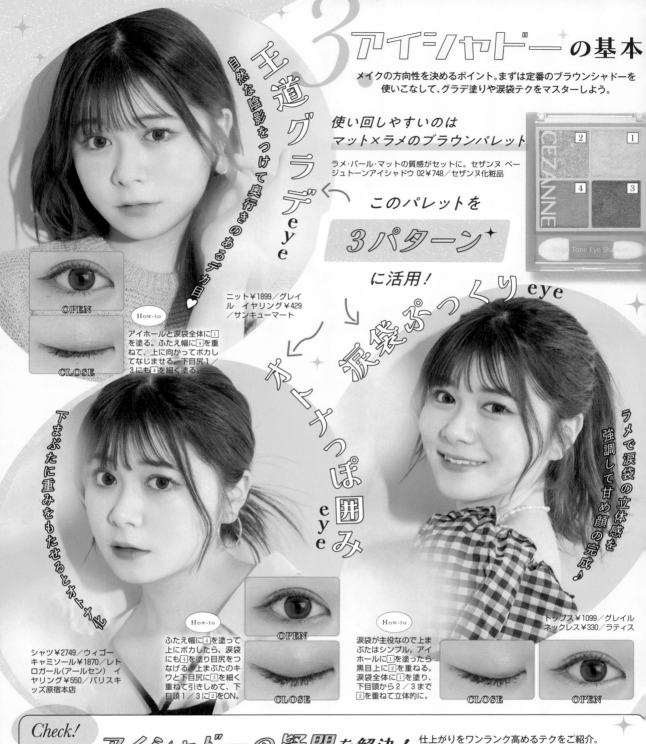

王道グラデeye

自然な陰影をつけて奥行きのあるデカ目

OPEN

CLOSE

How-to
アイホールと涙袋全体に①を塗る。ふたえ幅に④を重ねて、上に向かってボカしてなじませる。下目尻1／3にも④を細く塗る。

ニット¥1899／グレイル　イヤリング¥429／サンキューマート

涙袋ぷっくりeye

ラメで涙袋の立体感を強調して甘め顔の完成♪

オトナっぽ囲みeye

下まぶたに重みをもたせるとオトナ感

シャツ¥2749／ウィゴー　キャミソール¥1870／レトロガール（アールセン）　イヤリング¥550／パリスキッズ原宿本店

How-to
ふたえ幅に④を塗って上にボカしたら、涙袋にも④を塗り目尻をつなげる。上まぶたのキワと下目尻に③を細く重ねて引きしめて、下目頭1／3に②をON。

OPEN

CLOSE

トップス¥1099／グレイル　ネックレス¥330／ラティス

How-to
涙袋が主役なので上まぶたはシンプル。アイホールに①を塗ったら黒目上に②を重ねる。涙袋全体に①を塗り、下目頭から2／3まで②を重ねて立体的に。

CLOSE

OPEN

Check! アイシャドーの疑問を解決！

仕上がりをワンランク高めるテクをご紹介。塗り方や道具でイッキに上級者に見える♥

Q2. 指・チップ・ブラシはどう使い分けるの？

A. 発色の強さや仕上がりが変わるよ。なりたいイメージに合わせて使い分けて★

グラデにしたいとき

ブラシ
グラデがプロっぽく仕上がる♥濃い色をふんわり塗りたいときにも便利。

しっかり発色させたいとき

チップ
キワや目尻の引きしめなど、せまい部分にハッキリ色をのせたいときに◎。

ナチュラルに仕上げたいとき

指塗り
指塗りがいちばん肌になじみやすい。1色使いでラフに仕上げたいときにも。

Q1. 濃い色を塗ると浮いて見える！

A. 上から明るい色を重ねるか、ブラシでボカして発色をなじませれば解決★

重ね塗りしたくない場合は、キレイなブラシでボカしてもOK。色を広げるように動かして。

濃い色が悪目立ちしたときは、同系色の明るいカラーを境目に重ねると発色がなじむ。

涙袋のメリット♥

目が縦に大きく見える！
やさしいフンイキになる！
目ヂカラがUPする！
写真が盛れる！

最近は涙袋が定番化！ POPモデルもコダワリがあるコが多いよ。今回はオススメのアイテムを使ったトレンドの涙袋メイクを紹介♥

AFTER ← BEFORE

涙袋があるのとないのじゃ
こんなに違う！

自然なぷっくり涙袋を仕込めば
可愛さも盛れ度も2割増し！

大粒ラメの華やかな涙袋に
みんなの視線を独り占め♥

Tシャツ¥2530／イング ネックレス¥429／サンキューマート

ニット¥2750／レトロガール（アールセン） キャミソール¥1649／ウィゴー

《 涙袋の盛りレベル別マストアイテムはコレ！ 》

盛りレベル 4 グリッター
大粒ラメで涙袋を華やかに強調♥

盛りレベル 3 涙袋ライナー
影を足して立体感をプラス！

盛りレベル 2 ハイライト
ほどよい輝きでナチュラル盛り★

盛りレベル 1 コンシーラー
自然なぷっくり感を演出！

盛りレベル 2 ハイライトでぷっくり感をプラス！

AFTER　　BEFORE

ディアエー アイズメーカー 01

後ろのシャプナーで好みの細さに調整できるよ。¥1320／インターナショナルコスメティックス

①

縦幅は涙袋の半分くらいで、横幅は黒目幅で塗るよ。柔らかいテクスチャーで描きやすい♥

②

USE IT

指で境目をなじませる。中央と下側だけポンポンとなじませてね。横に広げないのがポイント！

塗ってみた♥

ブルベさんはピンク系がオススメ！

Attitude Reflections

ディアエー アイズメーカー 02
肌がピンクみのブルベさんはラメ入りのピンクベージュが◎。¥1320／インターナショナルコスメティックス

盛りレベル 1 コンシーラーで自然な涙袋をつくる！

AFTER　　BEFORE

塗るのはココ！
目を細めたときにプクッとふくらむ部分が涙袋。人によって幅やふくらみ具合が違うよ！

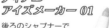

ザ・セム CP コンシーラー ペンシル 1.5

ピンポイントで使えるペンシルタイプ。¥990／インターナショナルコスメティックス

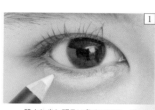

①

肌より少し明るい色のコンシーラーで塗るよ。目頭と目尻は描かずに、少しあけるのがポイント。

②

USE IT

めん棒でコンシーラーをやさしくなじませながらボカす。目頭と目尻にも、うっすら色をのばすよ。

NG
肌より明るすぎたり、白いコンシーラーは古くさい！幅を広くしすぎるにも不自然になるよ。

リキッドタイプもオススメ！

ザ・セム CP チップコンシーラー 1.5
全4色で自分の肌に合う色が見つかる♪¥790／インターナショナルコスメティックス

4 グリッターで涙袋の印象を強める！

AFTER

BEFORE

ディアエー グリッター シャドウ 01
大小のラメがMIXした密着度の高いテクスチャー。¥1430／インターナショナルコスメティックス

USE IT

専用のブラシつき♥
極細のブラシで狙った場所にピンポイントでラメをのせられるよ！

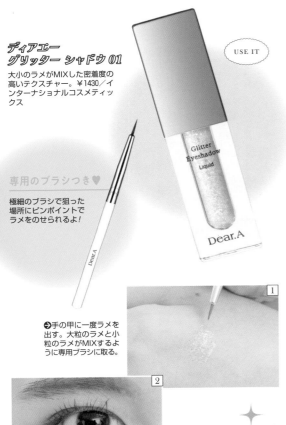

1
➡手の甲に一度ラメを出す。大粒のラメと小粒のラメがMIXするように専用ブラシに取る。

2
目頭から黒目下の涙袋にラメをON。1粒1粒ラメを置くかんじでバランスよくのせるよ。

3 涙袋ライナーで影を描いて立体感をUP！

AFTER

BEFORE

塗るのはココ！
目を細めたときにプクッとふくらむ涙袋下の、いちばんへこんだ部分が影を描く位置だよ。

ディアエー アンダーアイズ ライナー 00 シャドウ
肌なじみバツグンな透け感のある自然なブラウン。¥1320／インターナショナルコスメティックス

1
目頭はあけて黒目の終わりまで細く影を描く。目を細めて涙袋のふくらみを確認しながら引くと◎。

2
めん棒の先をつぶして平たくしたら、影をなぞるようにボカす。とくに両ハシをなじませてね！

USE IT

NG

濃く描きすぎたり、ボカさないと不自然。逆にボカスすぎて太くなるとクマっぽく見えるよ！

タレ目にしたいコは目頭側だけ影を描く！
目頭はあけて影を黒目の半分くらいにする。目尻に抜け感が出てタレ目に見えるよ★

ふたえをくっきり見せる！

◀ふたえラインのハシを延長するようにラインを描き足すと、ふたえのくっきり感がUP。

➡口角に1〜2mm程度のラインを描き足すと、口角がキュッと上がった印象になるよ。

ディアエー アンダーアイズ ライナー 00 シャドウ

口角を上げて見せる！

◀下唇のハシから斜め上にラインを描いてなじませる。口角が引き上がって見えるよ。

口角を上げて見せる！

➡気になる部分にコンシーラーをのせて指でポンポンなじませる。ニキビ跡にもオススメ。

ホクロ&ソバカスを消す！

ザ・セム CP コンシーラー ペンシル 1.5

ちなみに！ こんな使い方もできるよ♥

ZOOM UP

さくてぃん

ネコ目

1
Aのコンシーラーを涙袋にON。
黒目の外側の下がいちばん縦に
広くなるようにのせるのがコツ。

2
コンシーラーが太くなった部分
は細く、それ以外は少し太めに
Bで影を描いてネコ目を強調。

3
Cを目頭と目頭下にのせる。目
尻にのせると甘くなるので目頭
のみ。上まぶたの中央にもON。

同感をしトレーとせの巨匠
募集中ですキャットEYE☆

A.ザ・セム cpチップコン
シーラー 1.25 ￥790、B.デ
ィアエー アンダーアイズ
ライナー 00 シャドウ ￥
1320、C.同 グリッター シ
ャドウ 00 ￥1430／以上イ
ンターナショナルコスメテ
ィックス

目のタイプに合わせた涙袋のつくり方をチェック！

ここちゃ

丸目
♥♥♥

A.ディアエー アイズメ
ーカー 01 ￥1320、B.同
アンダーアイズライナ
ー 00 シャドウ ￥1320、
C.同 グリッター シャド
ウ 02 ￥1430／以上イン
ターナショナルコスメ
ティックス

見つめられたら
しちゃう
ラヴリーと
ドキッと
EYE ♥

ZOOM UP

1
Aのハイライトを涙袋の目頭下
から黒目の半分にのせて、指で
ボカす。コンシーラーはなし。

2
黒目幅でBを使って涙袋の影を
描く。目頭から描くと丸くなり
すぎるので、黒目のハシから！

3
Cをプロセス2の影と同じ横幅
で涙袋にON。女のこらしいウ
ルリンとした華やかな目元の完成

アイラインの基本

インラインと目尻ラインだけでデカ目になれる♥

難しいイメージがあるけど、目尻ラインさえ描ければ大成功♥ 筆先がブレにくく、芯がやわらかいジェルペンタイプが初心者向き。

万能に使えるのはブラウンのジェルペンシル！

FRONT

SIDE

How-to

1. 目頭から目尻までインラインを描く

まぶたを軽く持ち上げ、ペン先をまつ毛の根本にさし込むようにインラインを描く。線ではなく点で埋めるイメージ。

2. 目尻ラインはいったん下げてから水平に

目尻の少し内側から描き始めるよ。まぶたのカーブからつなげていったん下げ、最後の3mmくらいは水平にすると自然。

アイラインの色はメイクに合わせて選ぶ！

ブラウンはナチュラルな印象。カッコいい系になれるのはブラックやグレー。

CANMAKE TOKYO Creamy Touch Liner

ペンシルの安定感と濃密な発色を両立。極細芯で描きやすい。キャンメイク クリーミータッチライナー 02 ¥715／井田ラボラトリーズ

その他のアイライナーはどんなときに使うの？

カラーライナー

☑ おしゃれ感を出したい
☑ 目立ちたい

特別感が出るカラーラインはイベントメイクや写真映えしたい日に使いたいアイテム。

FRONT

SIDE

肌なじみのいい色なら初心者でも使いやすい

How-to

カラーラインだけだとぼやけるので、黒か茶で目尻ラインを描いてから上に描き足そう。カラーラインを長めに描いて主張させて。

甘すぎないピンク。ディーアップ シルキーリキッドアイライナー シフォンピンク ¥1430／ディー・アップ

D-UP SILKY LIQUID EYELINER

リキッドライナー

☑ オトナっぽくなりたい
☑ 目ヂカラをあげたい

くっきりした発色で存在感大。太めのラインもキレイに描けるから目元を強調できる！

FRONT

SIDE

コシのある筆で繊細なラインも思いのまま♥

How-to

インラインはジェルペンで、目尻ラインをリキッドで描くと◎。描き始めは太めに、先端はスッと力を抜いてフェードアウト。

発色のいいブラックで主張強めな目元に。ラブ・ライナー リキッド アイライナー R4 ブラック ¥1760／msh

Love Liner Liquid HIGH GRADE LIQUID EYELINER MADE IN JAPAN 0.55ml 0.02fl.oz.

ペンシルライナー

☑ ナチュラルにしたい
☑ アイラインが苦手

発色が自然で学校メイクにも便利。乾くまえならボカせるので失敗しても直しやすい。

FRONT

SIDE

ツヤを抑えたブラックが目元をしっかり強調！

How-to

基本的な描き方はジェルペンと同じだよ。インラインだけならメイクバレしにくいから、学校やすっぴん風メイクにもオススメ。

なめらかな描き心地。スプリングハート ロングラスティングアイライナー マットブラック ¥550／コージー本舗

SPRING HEART LONG LASTING EYELINER

6. まつ毛の基本

扇状にセパレートした繊細まつ毛がトレンド。
毛先までしっかりカールさせる＆マスカラのダマを
防げば簡単にマネできちゃうよ♪

ぶんわりカールとセパレートの2つが最新まつ毛のカギ

ジャケット（別のパンツとセット）¥13200／SPIRAL GIRL　タンクトップ¥2090／エムズエキサイト（アールセン）　パンツ¥2999／ウィゴー　ネックレス¥330／ラティス

＼みんな、**まつ毛メイク**のこんなことに悩んでた！／

ビューラーが下手

カールが続かない

マスカラがダマになる

ぜーんぶ解決する 美まつ毛 How-to

1.
まつ毛の生え際を a でギュッとはさむ

根元→中間→毛先の3段階ではさんでいく。最初に根元をはさんで強めに立ち上げる❤

2.
毛先まで進んだらビューラーを横に

中間もはさみ、毛先に移動したらビューラーを横向きに。毛先をくるんとカールさせる。

3.
b を塗るまえに余分な液を落とす

ダマになるのを防止するために、容器の入り口でブラシをこすって余分な液をOFF。

4.
ジグザグ塗りで液をからませる

ブラシをまつ毛の根元に当て、ジグザグ動かしながら塗る。毛先はスッと力を抜いて。

5.
細かい部分はブラシを縦にする

塗り残しがないよう、目頭や目尻はブラシを縦にして塗ってね。乾くまえに c でとかす。

USE IT

マスカラコームがあるとダマの解消に便利。a カービングアイラッシュカーラー¥1980／コージー本舗　b キャンメイク オフするんマスカラ 01 ¥748／井田ラボラトリーズ　c キャンドゥ まつ毛コーム＆スクリューブラシ¥110／編集部私物

6.
下まつ毛もブラシを縦にして1本ずつ

横向きに塗ると液が肌につきやすいのでブラシは縦。濃さは上まつ毛より薄めでOK。

Q1. 流行の束まつ毛ってどうやるの？

A. マスカラが乾くまえにピンセットではさむ

全体にマスカラを塗ったら数本ずつはさんで束をつくっていく。1度にはさむ量はまつ毛2〜3本くらい。

Q2. パンダ目になったときの直し方は？

A. コンシーラーをつけためん棒でOFF

コンシーラーには油分が含まれているのでマスカラ汚れも落ちやすい。さらに肌色も整って一石二鳥！

Q3. 湿気や汗でカールが下がっちゃう

A. マスカラのまえに下地を仕込む

カールキープ効果のある下地が効果的♥ ビューラーしたら根元から立ち上げるように塗るよ。

朝つくったくるりんカールが長続き。キャンメイク クイックラッシュカーラー 透明タイプ ¥748　井田ラボラトリーズ

Check!

マスカラの種類は地まつ毛のタイプに合わせる！

量はあるけど長さが足りないコはロングタイプ、長さより量を増やしたいコはフサフサになれるボリュームタイプを選ぼう。

31

7. チーク&ハイライト の基本

マスクを外す機会が増えて、チーク&ハイライトの出番も増える予感。血色UPやメリハリが出る効果で華やかさが高まるよ！

Step1 チークはパウダータイプをふわっと丸くボカす！

クリームよりもパウダーのほうがボカしやすく、失敗もしにくい。ブラシでくるくる塗ればOKだよ♪

薄めに塗って少しずつ足すと失敗しない

2色を混ぜ、笑ったときに高くなる部分にだ円にボカす。内側が濃く、外側が薄くなるようグラデにするよ。

USE IT
健康的で自然な血色をプラス。ケイト スリムクリエイトチークス RD-1 ¥1430（編集部調べ）／カネボウ化粧品

・ チーク&ハイライト MAP ・

‥‥ハイライト　　　チーク

Step2 ハイライトはクリームタイプをピンポイントでのせる！

うるおい感のあるツヤがいまっぽいよ。目頭からハの字に塗ると肌がキレイに見える効果が♥

2.ツヤが欲しい部分に少しずつのせていく

ハイライトの基本は目の下・鼻スジのくぼんでいる部分・唇の上・あご。指で密着させて。

1.指先に取ったら手の甲で量を調整

トントン

いきなり肌にのせるとやりすぎ感の原因に。手の甲で一度なじませてから塗ってね。

USE IT
肌にのせるとサラッとパウダリーな質感に。ヴィセ グロウトリック SP001 ¥1650（編集部調べ）／コーセー

Q2。チークの色ってどうやって選ぶの？

カジュアル感を出すなら
[オレンジ]

甘くなりすぎず、健康的でイキイキとした印象に。ファシオ マルチフェイス スティック 18 ¥990（編集部調べ）／コーセー

どんなメイクにも合うのは
[ピンク]

❶自然な血色をつくる、青みのないピンク。リリミュウ ヴェールグロウチーク 03 ¥1980／コージー本舗

オトナっぽく見えるのは
[ベージュ]

骨格を強調して、ホリ深な外国人顔になれる。セザンヌ チークブラッシュ 02 ¥550／セザンヌ化粧品

Q1。小顔に見えるチークの塗り方は？

エラ張りは	面長は	丸顔は
A. 小鼻より高めの位置に丸く！	A. ほおの中心より少し上に逆三角形に！	A. 黒目下からこめかみに向かって斜めに！

エラから目線を外すために、チークの位置は高めが正解。リンカクがゴツく見えやすいのでチークは丸みをもたせて女のコらしさをプラス。

高めチークで顔の重心を上げて面長感をOFFするよ。三角形の上は涙袋の下ギリギリまでボカし、先端は小鼻より下にいかないよう注意。

斜めに塗ることでリンカクをシャープに見せる効果あり。丸くボカしたり、黒目より内側に色を入れると余計に顔が丸く見えるので注意。

2. 余分な液を容器の口で落とす

そのまま塗ると濃くなりすぎちゃうよ！ 塗るまえにチップから液をこそげ落としておく。

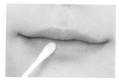

1. 保湿リップでしっとりさせておく

保湿のあとすぐにティントを塗ると油分ではじいてしまうので、メイクの最初に塗っておく。

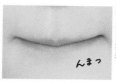

4.「んまっ」と唇を合わせる

液が乾くまえに上下の唇を数回合わせて色をなじませて。色が密着して自然な赤みになる★

んまっ

3. 唇のひとまわり内側に塗る★

軽く口をあけて、リンカクの内側に色をサッとのせる。この塗り方ならハミ出さないよ♥

初心者は塗るのが下手でもバレない ティントリップがオススメ！

なじみのいいティントならラフに塗ってもキレイ。赤みが強すぎない色が使いやすい♥

USE IT

唇に色が密着し、ツヤと発色が長続き。キスリップアーマー 03 ¥1430（編集部調べ）／KISSME（伊勢半）

さらに

この3タイプがあればイメチェンも簡単♥

塗り方

唇の形どおりにじか塗りしたら、リンカクを指でトントンと叩いてボカす。これでカジュアル感が出るよ！

塗り方

マットリップはスタンプするようにポンポン塗ると自然な仕上がりに。唇の山と口角を、ていねいに塗ってね。

オトナっぽな マットブラウン

USE IT

シアー感とマットを両立させた新感覚リップ。パース ベルベット フィックス リップバーム 07 ¥1680（限定色）／mano mano

スパイシーなブラウンでいつもよりオトナ顔！

トップス ¥7150／SPIRALGIRL イヤリング ¥330／ラティス

暖かオレンジでカジュアルに

透け感があればラフに塗っても可愛くキマる♥

Tシャツ ¥2750／スピンズ

USE IT

こなれ感が高まるテラコッタカラー。ケイト リップモンスター 04 ¥1540（編集部調べ）／カネボウ化粧品

塗り方

リンカクをていねいにフチどってから内側を塗りつぶす。唇の中央部分に重ね塗りすると、ぷっくり感を出すよ♪

Q. ハミ出したらどうやって直す？

A. ハミ出た部分をめん棒でぬぐいコンシーラーをON！

ぬぐったあとに色素が残ってしまったら、コンシーラーで隠してリップラインを整える。

唇をぽってり見せて女のコらしさ急上昇♥

ガーリーになれる ツヤピンク

USE IT

むっちりぷるぷるな可愛い唇になれる。キャンメイク むちぷるティント 02 ¥770／井田ラボラトリーズ

ブラウス ¥3630／スピーガ渋谷109店 ヘアクリップ／ヘアメイク私物

リップを使いこなせばテイストチェンジも簡単！

8. リップの基本

同じアイメイクのままでもリップを変えるだけで違うフンイキになれる！ なりたい印象に合わせて色や質感を選んでメイクを楽しんで★

を進化♥

基本のメイクをちょっとだけアレンジして4テイストに変身。
コーデや予定に合わせて変化をつけてメイクの幅を広げよう♪

1 aの1と2を混ぜ、ふたえ幅と下目尻1／3に細く塗る。3を黒目の上と涙袋に塗ってキラキラ感をプラス。

2 bでアイラインを描く。インラインは描かず、目尻の延長ラインをやや下げて描いてタレ目に見せて♥

3 cの1と2をブラシで混ぜてほおの中央に丸くボカす。リップはdをリンカクに沿ってじか塗りしてね。

メンズウケな

ちょいガーリー

チーク＆リップをピンクで統一して目元には抜け感を

OPEN

CLOSE

ワンピース¥8800／オリーブ デ オリーブ イヤリング¥880／パリスキッズ原宿本店

USE IT

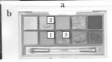

a クリオ プロアイパレット 19¥3840(限定色)／クリオ　b キャンメイク クリーミータッチライナー 09¥715／井田ラボラトリーズ　c デイジーク ブレンディングムードチーク ブラッシャーパレット 06¥2860／デイジーク　d ヴィセ ネンマクフェイク ルージュ PK850¥1540(編集部調べ)／コーセー

まぶたのインラインがおしゃれ感を高めてくれる

強めでクールな おしゃれ顔

シャツ¥4399、キャミソール¥1649／ともにウィゴー　ネックレス¥1540／パリスキッズ原宿本店

OPEN

CLOSE

1 aの1と2を混ぜてアイホール全体にふんわり塗る。bでインラインと目尻ラインを描いて引きしめる。

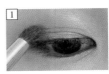

2 下まぶたにもbでインラインを描いたら、aの3でキワをなぞって軽くボカす。肌なじみがよくなるよ！

3 cを目尻ラインの下側・下目頭・アイホールのくぼみに沿って塗る。唇にdを塗り、リンカクを指でボカす。

USE IT

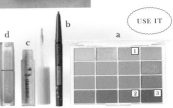

a ウェイクメイク ソフト ブラーリングアイパレット 05¥3980／ウェイクメイク　b セザンヌ ジェルアイライナー 30¥550／セザンヌ化粧品　c デイジーク スターリット リキッドグリッター 03¥1760／デイジーク　d ペリペラ インク ムード グロイ ティント 09¥1320／ペリペラ

ナンジュチークをボカして韓国感をUP！

四方色くすみピンクにして落ち着いたムードに♥

Tシャツ¥2189／スピンズ　3連ネックレス¥313／SHEIN

ブラウス¥3960／イング　イヤリング¥550／パリスキッズ原宿本店

OPEN

CLOSE

OPEN

CLOSE

ニュジみたいな
韓国ストリート

1 aを涙袋がふくらんだ部分に塗って立体感を強調。bの①をふわっと重ねて、肌に自然になじませる。

2 bの②をアイホール全体に広げ、③を目頭をくの字に囲むように塗る。ハイライト効果で目が明るくなるよ。

3 cの①と②を混ぜ、涙袋の下から逆三角形に広げる。dを唇に塗ったらチークと同じ色で細く唇を囲んでリップライン風に。

USE IT

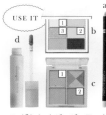

a ザセム カバーパーフェクション コンシーラーペンシル 1.5 ¥909／インターナショナルコスメティックス　b アミューズ アイヴィーガンシアーパレット 03 ¥3630／アミューズ　c デイジーク ブレンディングムードチーク 04 ¥2860、d 同 ウォーターブラー ティント 02 ¥1790／ともにデイジーク

オトナ可愛い
ピンクワントーン

1 aの①と②をアイホール全体と下まぶたに細く塗って囲みシャドーにするよ。くすみピンクでオトナに★

2 aの③を細いブラシに取り、アイライン風に目尻に細く塗る。シャドーと同系色のラインで統一感をUP。

3 bの眉マスカラを眉毛と上下まつ毛に塗る。cを上唇はリンカクどおり、下唇だけややオーバーにON。

USE IT

a キャンメイク ジューシーピュアアイズ 14 ¥660／井田ラボラトリーズ　b セザンヌ 極細アイブロウマスカラ C2 ¥528／セザンヌ化粧品　c アミューズ ジェルフィットティント 06 ¥2200／アミューズ

外し方

2
両手の中指で目を上下に開き、鏡を見ながらレンズの下のほうを軽くつまんでそっと外す。

1
きき手の親指と人さし指でV字型をつくる。爪で目を傷つけないように、指の腹を使うよ。

ちなみに！

爪が長いコや直接つけるのが怖いコは道具を使って

つけ方

レンズスポイトの中央にレンズをのせて、レンズが黒目に移ったらスポイトを外すよ。

鏡を正面に見ながら、黒目にそっとレンズをのせる。まばたきをして、瞳になじませるよ。

3
きき手と反対の中指で上まぶたを持ち上げ、きき手の中指で下まぶたを下げながら押さえる。

2
きき手の人さし指にレンズをのせる。レンズには表裏があり、横から見ておわん型が正解。

NG　OK

用語

BC.（ベースカーブ）
数字が小さいほどレンズのカーブがきつい。レンズがズレやすいコは検査してみて！

P（度数）
視力がよければ0.00。マイナスの数字が大きいほど視力が悪いよ。眼科で検査してね。

EXP.（有効期限）
未開封の状態で使える期限。ワンデーやマンスリーなど、開封してからの期限も守ってね。

DIA（直径）
レンズ全体の大きさ（直径）を表す数値。色のついている部分を表す"着色直径"とは別。

似合うかどうかをチェックするには

☑ レンズで白目が隠れすぎていないか確認
☑ 自然光で自撮りして発色を見る
☑ メイクをしてから仕上がりを確認

Part 2 自分に似合うトレンドカラコンを知る！

せらびー＆さくてぃんの裸眼DATA

せらびー
・黒目が大きい
・横に大きくアーモンド型
・瞳の色が黒く澄んでいる

さくてぃん
・ツリ目ぎみ
・瞳の色は明るめの茶色
・黒目が少し小さい

自分のタイプに合うものをチャートでCheck!

Q.テイストは？
→ 辛口 / 甘口

辛口 → Q.メイクで大事なのは？ → リップ（Cタイプ） / 目ヂカラ（Bタイプ）

甘口 → Q.メイクの濃さは？ → 濃い（Bタイプ） / 薄い（Aタイプ）

Cタイプ　Bタイプ　Aタイプ

Aタイプにオススメなのは

あざとフチあり ちゅるん系

甘口のナチュラル派は、瞳のリンカクをハッキリ見せてメリハリを♪ 内側はちゅるんが鉄則！

つけたのはコレ
レヴィア ワンデー ハグミー
フチの太さやブラウンみがベスト。¥1870（10枚入り）／エルコード

コレもオススメ
ミムコ ゼリーグレー（10枚入り）¥1705／PIA

エンチュール リトルアメリ（10枚入り）¥1650／Mew contact（フリュー）

Bタイプにオススメなのは

色素薄のブラウン系

甘口も辛口も、しっかりメイクをするタイプにオススメなのがコレ。瞳で抜け感を演出するよ♪

つけたのはコレ
バンビシリーズ ヴィンテージ ヴィンテージヘーゼル
なじみやすい柄で使いやすい！ ¥1848（10枚入り）／T-Garden

コレもオススメ
キャンディーマジック ワンデー デートブラウン（10枚入り）¥1958／エルコード

バース ヌーディーベージュ（10枚入り）¥1705／PIA

つけたのはコレ
ミムコ キャラメルスフレ
瞳の色が自然にワントーン明るくなる♪ ¥1705（10枚入り）／PIA

コレもオススメ
ベルミー ベルブラウン（10枚入り）オープン価格／シード

ハルネ メープル（10枚入り）¥1705／PIA

Cタイプにオススメなのは

ニュアンス透け系

ハッキリした唇で顔を引きしめて見せたい辛口さんは、目元に透け感を出してオトナな印象に！

つけたのはコレ
ハルネ シャーベット
溶け込むグレーのボカシフチでおしゃれ見え確実。¥1705（10枚入り）／PIA

コレもオススメ
シード アイコフレ ワンデー UV M シアーメイク（10枚入り）オープン価格／シード

レヴィア ワンデー ラスタージェム（10枚入り）¥1870／エルコード

惺来・A ワンピース¥15400／BITTER CELLS（ALAND／アダストリア） ネックレス¥330／ラティス、B ワンピース¥12100／リゼクシー さくら・B シャツ¥2280／ハニーズ タンクトップ¥2090／エムズエキサイト（アールセン） ネックレス¥330／ラティス、C トップス¥2090／スピーガ 渋谷109店

顔を盛るのに重要なアイメイク。瞳を可愛くするだけでグッとビジュレベルが格上げされるよ！ 自分にぴったりのカラコンを見つけてね！

撮影／堤博之　ヘアメイク／榊ひかる(Lila)　スタイリスト／小野奈央
●掲載商品の問い合わせ先はP.96にあります。
※クレジットのないアイテムはスタイリスト私物です。

最新版！ の見つけ方2023

ブルーカラコン

ハデ髪さんが似せるコツは瞳で青みを出すこと! ピリッと引きしまって、凛とした印象に♥

つけたのはコレ
トパーズ ラピスラズリ
ブルーフチでグッとクールな瞳を演出★ ¥1760(10枚入り)/PIA

コレもオススメ
ルナナチュラル ワンデー アクア
(10枚入り)¥1870/エルコード

クルーム アズール(10枚入り)¥1848/T-Garden

トップス¥2749/ウィゴー イヤリング¥330/ラティス

憧れは **NewJeans**

グレーカラコン

キリッとしたNewJeansのイメージに合うグレー 黒髪ならクールにキマるし、トータルバランスも◎

つけたのはコレ
クルーム スモークグレー
中央がイエローブラウンだから自然。¥1848(10枚入り)/T-Garden

コレもオススメ
エヌズコレクション 玉こんにゃく(10枚入り)¥1760/PIA

モラク ワンデー ミラーグレー(10枚入り)¥1760/PIA

Tシャツ¥2530/イング

ハデ髪	黒髪
黒髪	ハデ髪

グリーンカラコン

黒髪×強め韓国系なら、浮かさずに瞳を明るくできるグリーンが◎。パッと見の印象も変えやすい!

つけたのはコレ
エヌズコレクション メロンパン
着色直径が小さめだから、いまっぽくハデ! ¥1760(10枚入り)/PIA

コレもオススメ
フェリアモ オリーブブラウン(10枚入り)¥1760/PIA

モラク ワンデー ダズルグレー(10枚入り)¥1760/PIA

トップス¥6050/ラグアジェム(バロックジャパンリミテッド) イヤリング¥550/パリスキッズ原宿本店

憧れは **(G)I-DLE**

ピンクカラコン

ガールクラッシュな印象にしたいから、目元を明るく! ピンクなら、女っぽさもバツグン♥

つけたのはコレ
クルーム ピンクホリック
グラデ柄がなじみやすくてよき! ¥1848(10枚入り)/T-Garden

コレもオススメ
モラク ワンデー サクラペタル(10枚入り)¥1760/PIA

チュチュ ワンデー ラベンダーキス(10枚入り)¥1870/エルコード

トップス¥3190/イング

ゆめぽて
ハバクリスティン シークレティブ クリスティン ワンデー クリームブラウン
「金髪に合う色み♥ カラコンしてるってかんじもない!」

ももたん
モラク ワンデー ダズルグレー
「細めフチできゅるんってなる。強くなりすぎず、甘すぎない♪」

はおちゃん
超モテコン ウルトラ マンスリー おしゃモテリング
「自然なブラウンで使いやすい! 学校にもして行けるよ★」

きららん
キャンディーマジック ワンデー デートブラウン
「しっかり瞳が大きく見えるし、うるうるし瞳になれるよ♥」

りなちゃ
ラルム メルティシリーズ ミルキーウェイ
「くすみベージュだから私のパーソナルカラーのイエベ春に合う」

ちなみに!
モデルの愛用カラコンはコレ♥

ここちゃ&きららんの裸眼DATA

ここちゃ	きららん
・目が大きくて黒目が小さく見える	・白目の範囲が小さい
・タレ目&出目	・瞳の色は暗めの茶色
・瞳の色が黒くて濃い	・奥目で瞳に光が入りにくい

自分のタイプや髪色に合わせたトレンドのカラコンがわかる!

似合うカラコン

学校でも可愛いをあきらめず
最高の自分でいたい♥

肌荒れが激しいからってすっぴんなんて…

目つきが悪く
見えるし、
顔色もどんより!!（汗）

カラコンはコレ！

瞳になじむナチュラルカラー＆小さめ
直径が◎！ フランミー 1day きなこ
ロール（10枚入り）¥1969／T-Garden

先生にバレずに可愛くなれる
〝すっぴん風〟あか抜けメイクをレクチャー！

校則すり抜け
学校メイク
講座♥

撮影／堤博之、小川健[桃伽分]
●商品の問い合わせ先はP.96にあります。
※クレジットのない衣装＆アイテムはすべてモデル私物です。

平日は可愛さをあきらめてるコ、ちょっと待った!!　学校でこそ好印象なほうが
いいからメイクは必要だよ★　学校用のすっぴん風メイクで可愛く青春しよ♪

STEP 2 コンシーラーでクマ＆肌荒れをカバー！

USE IT

肌色に合わせられるパレットが
◎。セザンヌ パレットコンシ
ーラー¥748／セザンヌ化粧品

②

色を混ぜて自分の肌に近い色をつくっ
たら、①の部分に重ねる。付属のブラ
シでなじませて、しっかりカバー。

①

中央のオレンジカラーをクマ＆ニキビ
跡にのせ、指の腹で軽くトントンとな
じませる。のばさずにトントンがコツ。

STEP 1 下地で毛穴隠し＆肌を明るく見せる！

USE IT

クラブ すっぴん
クリーム パステ
ルローズの香り¥
1320／クラブコス
メチックス

おでこ、鼻、両ほお、あごの
5点に置き、内側から外側に
向かってのばす。そのあと、
指でトントンとなじませるよ。

メイクさん発！
校則すり抜け
メイクテク

プロのメイクさんにすっぴん風
メイクのオススメテクを教えて
もらったよ★　マネしてみてね♪

POPモデルの校則ゆるめor厳しめ学校メイクをチェック♡

学校に行くとき、どんなメイクをしてるかを再現★ 校則ゆるめのコも学校へは薄めってコが多いよ!

チーク&リップを
仕込んで可愛さキープ♡

校則厳しめ

すっぴんはコレ!

すっぴんに見える ギリギリの極薄メイク

カラコンはコレ!

「チューズミーのチョコブラウンは、暗めのブラウンでバレにくいよ。ナチュラルに盛れる♪」

マスクをするときは色つきを塗る♪
「ミルクタッチのベリーベア。薄づきで肌なじみがいいから、すっぴん風にも合うよ」

チークは薄く塗って血色感を出す!
「フラワーノーズのストロベリーチョコレートを大きめブラシで、ふんわりほおにON」

目元はブラウンマスカラのみ!
「アイシャドーやラインはバレるからなし!デジャヴュのブラウンを軽く上下に塗るよ」

バレにくいベースはしっかり!
「トーンUPの日焼け止めを塗り、下地を塗ってSPV3Sのクッションファンデを塗る」

眉毛はしっかりつくり込む!
「ケイトのアイブロウパウダーEX-4で髪より少し明るい色をつくり、全体をふんわり埋める」

ベースは極薄でトーンUP重視!
「学校へはトーンUPする日焼け止め&エチュードのコンシーラーで気になる赤みを消すだけ!」

校則ゆるめ

学校の日の朝は忙しいからポイントメイクで時短!

卒業しちゃったけど学校へは薄メイクで行っていたよ♪

すっぴんはコレ!

リップはマットなピンクを塗る!
「パースの01を愛用。自然な発色でなじむから、学校用のナチュラルメイクでも浮かないよ」

ラインはなしでしめ色シャドウ!
「③の右上の色を上下の目尻側に、ラインを引くかんじでON。仕上げにブラウンマスカラ」

目元はラメなしでナチュラルに!
「ディーント701のアイシャドーパレット。上段中央でアイホール全体、左上で涙袋の影を描く」

カラコンはコレ!
「学校は目が疲れるから裸眼で、放課後に装着。色素薄めになるモラク サクラスモアを愛用♡」

STEP 6 色つきリップでほんのり血色感をプラス!

USE IT

ツヤが出すぎない。ケイト パーソナルリップクリーム ¥550（編集部調べ）／カネボウ化粧品

唇のリンカクからハミ出さないように全体に塗っていく。時間が経つと、ほんのり自然な血色感が出てきてなじむ♡

STEP 5 ビューラー&クリアマスカラで目ヂカラUP!

右・アイラッシュカーラー 213 ¥880（編集部調べ）／資生堂 左・ケイト ラッシュフォーマーEX（クリア）BK-1 ¥1078（編集部調べ）／カネボウ化粧品

USE IT

左を上まつげに軽く1度塗りする。クリアだから不自然にならないよ。下まつ毛はバレやすいから塗らなくてOK。

右のビューラーでまつ毛の根本を軽く挟み、毛先に向かって2段階で挟んでカール。根本は上げすぎないように注意。

STEP 4 アイブロウパウダーで眉毛を自然に描き足す!

USE IT

ケイト デザイニングアイブロウ3D EX-4 ¥1210（編集部調べ）／カネボウ化粧品

色を混ぜて髪色に近い色をつくったら、眉尻を描くよ。そのあとブラシに余ったパウダーで、眉頭を埋めていく。

STEP 3 パウダーでテカリを適度にOFF!

USE IT

色がつかないクリアタイプ。メイク キープ パウダー ¥1320（編集部調べ）／コーセー

パフにつけた余分な粉を落とし、テカリやすいおでこ&Tゾーンに ON。コンシーラーを塗った部分にも軽くのせる。

IVE ウォニョンチャン 甘メイクポイント
- 横長ぱっちり**Eye**
- ちょっとオトナ意識の**Cheek**
- 口角上げめのぷるぷる**Lip**

IVE ウォニョンチャン 辛メイクポイント
- 強めスモーキー**Eye**
- ホリ深めのメンズライク**Nose**
- ストロング女子代表 台形**Lip**

Before

甘メイク

Eye

1 ①の右から4番目をブラシに取って、グラデになるようにふたえ幅に広げる。

2 ①の左から3番目と4番目を混ぜて、上まぶたのアイホール全体にブラシで広げる。

3 ①の右から5番目のラメを指で取って、上下まぶたの中央にのせて、うるうるさせる。

4 下まぶたの目尻側1/3に、①の左から3番目と4番目をブラシに取ってのせる。

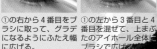

5 ③を目頭7mm、中央11mm、目尻10mmとなるようにバランスを見ながらつける。

6 ②で目頭から目尻までしっかりアイラインを引いたら、目尻は形に沿ってスッと引く。

item

① プレイカラー アイシャドウ クールバレリーナ ¥2970／エチュード ② ジェルアイライナー 10 ¥550／セザンヌ化粧品 ③ クイックエクステンション 03 ¥1540／ディー・アップ

Cheek

大きめのブラシに取って黒目の下に置いたら、ほお骨にかけて外側に広くボカす。

item

ラブシルクブラッシュ 701 ¥1980／ラカ

Lip

2 ①で口角ラインを足したら、②のティントを全体に塗る。ぷっくりした唇になるよ★

1 ①で上唇のみオーバーにリップラインを引く。下唇はもとのリップラインをなぞる。

item

① インテグレート リップフォルミングライナー ¥880／資生堂 ② ロムアンド デュイフルウォーターティント 06 ¥1320／PLAZA

ウォニョンチャン 辛メイク

ウォニョンチャン 甘メイク

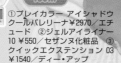

辛メイク

Eye

1 クールな目になるように、涙袋に①の左上をブラシに取って、下まぶたに広げる。

2 ①の上段左から2番目をブラシに取って、上まぶたのアイホール全体に広げる。

3 下まぶたもキワに②でラインを引く。黒くなりすぎないようにていねいに引こう！

4 ②で上まつ毛のあいだを埋めながらラインを引いたら、目尻はハネ上げてキリッとさせる。

5 ③を上下のまつ毛に塗ったあと、ピンセットでつまんで上下まつ毛に束感を出す。

6 4で描いたラインをボカすように、①の下段右から2番目をブラシに取ってなぞる。

item

① ロムアンド ベターザンアイズ 04 ¥3190／韓国高麗人蔘社 ② キャンメイク クリーミータッチライナー 01 ¥715、③ 同 ゴクフトマスカラ 01 ¥660／ともに井田ラボラトリーズ

Nose

ホリを深くするためにブラシで、鼻頭から一直線にラインを引く。鼻先はV字を描くよ。

item

アートクラス バイロダン シェーディング 01 ¥1600／too cool for school

Lip

1 もとのリップラインから少しハミ出すよう、オーバーにティントを塗り、全体に広げる。

2 発色をよくするために、あえて1度ティッシュオフをして、色を抑える。

3 上から同じティントを全体的に塗って、より色をつけて、ぷっくりした唇をつくるよ！

item

ウォータリーティントリップマット ¥660／セザンヌ化粧品

右・ブラウス ¥2749／ダブルシー ネックレス ¥1999／ウィゴーチョーカー ¥5000／メルシーナ 左・ブラウス ¥3299／ダブルシー クリップ ¥3000、ピアス ¥5500／ともにメルシーナ

IVE 원영 ウォニョン チャン
アイブ 원영
バズりフェイス になりたい♡!

それぞれ2パターンのモノマネメイクを紹介するよ♪

撮影／原地達浩 ヘアメイク／榊ひかる(Lila) ●掲載商品の問い合わせ先はP.96にあります。 ※クレジットのない衣装は本人私物です。

NewJeans ハニチャン

NewJeans ハニチャン バブメイクポイント

- 盛り盛りすぎない Eye
- 目の下ぼわぼわ Cheek
- 平成っぽマット Lip

NewJeans ハニチャン ナチュラルメイクポイント

- 涙袋ぷっくり小動物 Eye
- 三角 Cheek で幼っぽ♥
- 上向きナチュ盛り Lip

Before

ハニチャン バブメイク

Eye

①の左右と下段中央を混ぜて、ふたえ幅に塗る。肌なじみのいい色で自然に目を強調！

①の右上を大きいほうのチップに取って、上まぶたのアイホール全体に広げる。

①の下段中央と右下を混ぜて、黒目の下のギワに入れたら、目頭から目尻までボカす。

①の左上を下まぶた全体にのせる。陰影をつくってさりげなく涙袋を盛るよ！

③を目頭、中央、目尻に1束ずつのせて、自然になじむように調整しながら足す。

華やかにするために、②を小指に取って、目頭に〝く〟の字を描くようにラメをのせる。

Item

①キャンメイク パーフェクトマルチアイズ07￥858／井田ラボラトリーズ ②モノアイ アイシャドウ 921￥1045／ラカ ③クイック エクステンション 04￥1540／ディー・アップ

Cheek

大きめのブラシに取って、黒目の下からほお骨の高いところに向かって外側に広げる。

Lip

全体にじか塗りし、指でボカしながらなじませる。じゅわっとしてやわらかい印象に。

ラブシルクブラッシュ 705￥1980／ラカ

シフォン ムード リップ 04￥2640／クリオ

ハニチャン ナチュラルメイク

Eye

涙袋に②のコンシーラーを塗ると、陰影がはっきりして、さらにぷっくりするよ！

涙袋を自然にぷっくり見せるため、①のライナーで涙袋の下に影のラインを描く。

③の右から3番目と5番目を混ぜて、ブラシでふたえ幅に塗って、グラデをつくる。

③の左から3番目のナチュラルカラーをブラシに取って、上下まぶた全体に入れる。

ナチュラルに見せるために④で止まぶたにインラインを引く。目尻は5mmハネ上げるよ。

4と同じ色を下まぶたの黒目の下にも塗って、ブラシを左右に動かしてボカす。

Item

キャンメイク 3wayスリムシェードライナー 02￥770、②同 アイバッグコンシーラー￥715／ともに井田ラボラトリーズ ③オール テイク ムードパレット15￥2380／ペリペラ ④ラブ・ライナー クリームフィットペンシル アッシュブラウン￥1320／msh

右・キャミソールとカーディガンのセット￥3299、ネックレス各￥330、バレッタ￥879／以上ウィゴー 左・キャミソール￥1999、Tシャツ￥2799／ともにダブルシー ネックレス￥1429、クリップ￥659、サングラス￥1099／以上ウィゴー

Cheek

ほおにチークグロスをのせたら、外側に向けて三角形を描くように、指でボカしていく。

ソフトクリームチーク 01￥1870／アミューズ

Item

フィクシングティント ミッドナイトモーヴ￥1485／エチュード

Lip

アイメイクで使った②のコンシーラーで唇の山をなぞって、存在感をはっきり出す。

下唇はもとのリップラインをなぞったら、ティントのブラシで全体を色づけていく。

リップティントをブラシに取って、上唇に、オーバーめにリップラインを描く。

メイクテクを駆使した モノマネメイク で 憧れフェイス になろう！

バブ顔の IVE ウォニョン チャン ゼニガメ顔の NewJeans ハニ チャン

2大K-POPアイドルの

新時代のK-POPの代表といっても過言ではないウォニョンチャとハニチャ顔になりたい女子が急増中！

クリモ JK1

平田真帆子チャン
まっこん

"盛れるだけ盛る、がモットー！
愛され爆盛れメイク★"

USE IT!

Before

A ジルリーン シャイニングミニアイシャドウパレット HT01 **B** マジョリカ マジョルカ ラッシュセラムカーラー **C** デジャヴュ ラッシュアップ マスカラ E1 **D** エーメイク マットリキッドアイライナー ダークブラウン **E** セザンヌ 描くふたえアイライナー 10 **F** ティルティル マスクフィットオールカバーデュアルコンシーラー **G** エチュード ティアーアイライナー BE101 **H** ケイト ラスティングデザインアイブロウ W スクエア 001 **I** レブロン ダズル アイシャドウ クアッド 001 **J** K-パレット ニュアンスブロウマスカラ 04 **K** エルシア プラチナム 明るさ＆血色アップ チークカラー RD401 **L** アビュー ジューシーパン スパークリングティント PK01

♥ モデルデータ ♥
・ジャンル…量産型ガーリー
・ブルべ or イエベ…たぶんイエベ
・メイク時間…１時間

Color Make-Up

ITEM

A ラブ・ライナー アイカラーパレット ティーフレーバーコレクション ベリーミルクティ **B** シビシビ ラッシュフルール 03

POINT

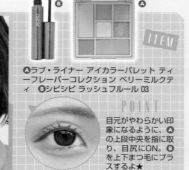

目元がやわらかい印象になるように、**A** の上段中央を指に取り、目尻にON。**B** を上下まつ毛にプラスするよ★

HOW-TO Eye

D で目尻にラインを引く。目の形に沿って描いたら、下側を太めに広げる。

A の**1**をアイホール全体にブラシで広げる。**2**と**3**をふたえ幅にのせて、グラデをつくる。

E で涙袋の影を描いたあと、**F** のリキッドコンシーラーをのせ、指でボカして立体感を出す。

A の**4**を上下目尻にのせる。タレ目になるように、下まぶたのほうが濃くなるように入れるよ！

黒目の上と涙袋の目頭〜黒目まで**G**をのせて、指でボカす。うるうるした目になるよ！

ビューラーでまつ毛を上げたら、**B**→**C**の順でマスカラを塗って、ピンセットで束感をつくる。

Eyebrow

平行眉になっているか確認したら、**J**のマスカラを眉全体に塗って明るいトーンにするよ。

Hのペンシルで眉尻をフチ取ったら、**I**の左右をブラシに取って、毛流れに沿って眉全体を埋める。

Lip

Lのティントを唇全体に薄く塗ったあと、内側に重ね塗りして、ぷっくりした唇をつくり出す。

Cheek

Kのチークをブラシに取って、可愛らしい印象になるように、目の下に濃いめに入れる！

重ねてたどり着いたテクをアピール♪

撮影／楠本隆貴、小川健 [P.45-47]
※衣装＆コスメはすべてモデル私物です。

セルフメイクを大公開!!

イントを抜粋してそれぞれ紹介♪　流行中のカラーメイクも披露しているから絶対マネしてみて！

クリ JK

きゃすきゃすみる

辻 加純 チャン

DSF IT!

Before

Ⓐエイチバイエイチ モイスチャークリーム アイシャドウ アプリコットバニラ Ⓑクリオ プロ アイ パレット 02 Ⓒジルリーン シャイニングミニアイシャドウパレット GM12 Ⓓドーリーウィンク イージーラッシュ 17 Ⓔシーメル キラーロングマスカラ ボルドーブラウン Ⓕディー・アップ シルキーリキッドアイライナー WP BRBK Ⓖヴィータス スタイリングフレーム アイブロウパウダー 02 Ⓗアンドビー アイブロウマスカラ オレンジブラウン Ⓘエーズィーティーケー シングルカラーチーク 07 Ⓙガブミー エナメルグロールージュ 04 Ⓚジルスチュアート ブルームドロップ リップ＆チーク シフォン 02

オトナっぽくなりたいけど
可愛さも残したい欲張りきゃる

HOW-TO Eye

④ ビューラーでまつ毛を上げたら、Ⓓのつけまつ毛をつける。再度ビューラーをしてしっかり上げる。

① アイホールにⒶを広げて、Ⓑの❶を上まぶたの中央と涙袋にグラデになるようにボカしながらのせる。

⑤ Ⓔのマスカラを地まつ毛＆つけまつ毛に一緒に塗る。長さを出すために毛先をメインに塗るよ！

② タレ目にするためにⒸの❷と❸を混ぜて、黒目の下から目尻にかけて地雷ラインを引くよ。

⑥ 切れ長になるようⒻで、目尻にラインを引く。遠心顔解消のために目頭に切開ラインを描く！

③ Ⓖのまん中で涙袋の影を描いたら、涙袋にⒶのラメをのせる。ツヤ感がプラスされてぷっくり♥

● モデルデータ ●
● ジャンル…オトナっぽぎゃる
● ブルベ orイエベ…たぶんイエベ
● メイク時間…1時間

Lip

① Ⓖのまん中の色で下唇の影と口角ラインを描いて、ぷっくり＆口角の上がった唇を演出する。

② Ⓙのリップを塗ったあと、Ⓚのピンクリップを重ね塗りして、幼さを少し残すのがポイント★

Eyebrow

Ⓖの上段と中央を混ぜて、眉毛を埋める。Ⓗの眉マスカラを塗って、髪色となじませるよ。

Cheek

Ⓘをブラシに取ったら、ほおの中心に置き、縦ラインをイメージして上にボカす。丸顔が解消されるよ。

ITEM

Ⓐウズ アイオープニングライナー バーガンディー Ⓑエーズィーティーケー LEO カラーマスカラ 02

POINT

Ⓐで地雷ラインを引いて、Ⓑのマスカラを塗る。髪色に合わせて赤みのカラーをセレクトしたのがポイント★

Color Make-Up

特別な日の
カラーメイクつき！

リアル JK・JC が研究に研究を

クリエイター モデル＆ 読者モデル 10人の 最新

セルフメイクを上達させてこそあか抜けの第一歩！ モデルのこだわりポ

ただ可愛く盛るだけじゃない！面長の悩みもしっかりカバー☆

クリモ JK2 いぐぴん いぐさ チャン

USE IT!

♥ モデルデータ ♥
♥ジャンル…
モノトーンガーリー
♥ブルベ orイエベ…
ブルベ
♥メイク時間…
45分

Aロムアンド ベターザンパレット 03 **B**ジューシー ダイアモンド シェルハイライト 01 **C**セザンヌ 描くふたえアイライナー 10 **D**キャンメイク アイバックコンシーラー 02 **E**ドーリーウィンク マイベストライナー ビターグレージュ **F**パナソニック まつげくるん ナチュラルカール EH-SE11 **G**エテュセ アイエディション マスカラベース **H**デジャヴュ ラッシュアップ マスカラ E1 **I**ユーアーグラム スリムスケッチアイブロウペンシル BR-3 **J**ケイト デザイニングアイブロウ 3D EX-7 **K**ペリペラ サンシャインチーク 13 **L**イヴ・サンローラン ルージュ ヴォリュプテ シャイン 88 **M**ナーズ アフターグロー リップシャイン 02469

Color Make-Up

POINT
Aでダブルラインを引いて、まつ毛に**B**をON！ パープルはオトナっぽさが出るよ！

ITEM
Aラブ・ライナー リキッドアイライナー R4 ベリーアールグレイ **B**ズーシー ダイヤモンドシリーズ カラーマスカラ ワイルドベリー

Eyebrow

Iのペンシルで平行眉になるように、眉尻を描いたら、**J**のパウダーを上下混ぜて埋める。

Cheek

Kのパープルチークで透明感を出す。面長を解消するために目の下に入れるのがポイント！

Lip

Lを内側に濃く塗ったら、グラデになるように指でボカす。上から**M**のグロスを重ねる。

HOW-TO Eye

3 **E**で目の形に沿ってラインを引く。**C**でふたえ線に沿って目尻と同じ長さにラインを引く。

4 **F**でまつ毛を上げたら、上は**G**、下は**H**のマスカラを塗る。再度ビューラーを使うと目力UP！

1 **A**の1をアイホールに広げ、2を目頭と目尻に重ねる。3を下目尻にのせて横幅を拡張。

2 **C**で涙袋の影を描いたら**D**を目頭～黒目中央まで塗り、上から**B**を重ねてぷっくりさせる。

USE IT!

Aエチュード エアームースアイズパレット シャイニンピンク **B**ビーアイドル ザ アイパレ 02 **C**キャンメク クリーミータッチライナー 02 **D**3CE マルチアイカラーパレット バタークリーム **E**ディー・アップ パーフェクトエクステンション マスカラ **F**キャンメク アイバッグコンシーラー 02 **G**ケイト ラスティンデザインアイブロウ W スリム **H**シピシピ グリッタイルミネーションライナー R 03 **I**イントゥユウォーターリフレクティングリップティント R03 **J**ナーズ アウターグロー リップシャイン 02469

クリモ JK2 ひなちゃ 野々山 ひなた チャン

ひたすらかわいさ追求♡こことここに寄りがちな赤みを顔解消ポイントに注目！

HOW-TO Eye

Eyebrow
Gのペンシルで眉頭と眉尻をフチ取ったあと、**D**の3をブラシに取って全体を埋める。

Nose

Dの4を眉頭の下にのせ、ホリ深に。鼻先のU字と、小鼻の中央の山にものせるよ。

Lip

ぽてっと唇解消のために**I**のティントを内側に塗って、ティッシュオフしたら**J**を塗ってうるうるアイにするよ！

1 **A**の1をアイホール全体と涙袋にのせて**B**の2を上まぶたに、グラデになるようにのせる。

2 **C**で上目尻の形に沿って＆下目尻に地雷ラインを引き、**D**の3でボカす。

3 まつ毛をビューラーで上げて、**E**を上下まつ毛に塗る。束感を出すためにていねいに塗る。

4 **F**で涙袋を埋めて、**G**で影を描いて立体感を出す。**H**のラメを塗ってうるうるアイにするよ！

POINT
テラコッタで常夏感♪ **A**でダブルラインと地雷ラインを引いて、**B**のマスカラをON。

Color Make-Up

ITEM

Aキャンメイク クリーミータッチライナー 04 **B**ディー・アップ パーフェクトエクステンションマスカラ for カール キャラメルブラウン

Before

♥ モデルデータ ♥
♥ジャンル…
カジュアルガーリー
♥ブルベ orイエベ…
イエベ
♥メイク時間…30分

ネオンライン×まっ赤な唇でクールぎゃるの誕生!

JC3 今堀奏 チャン

A セザンヌ 描くふたえアイライナー 10　B ロムアンド ベターザンパレット 02　C キャンメイク ラスティング リキッドライナー 01　D 同 クイックラッシュカーラー　E シーメル キラーロングマスカラ ディープブラック　F キャンメイク クリームチーク 17　G エーズィーティーケー 4色シェーディングパレット 02　H ロムアンド ジューシーラスティングティント 16

USE IT!

Before

Color Make-Up

POINT

ブラックのラインを残してホワイトライナーを入れることで、目力と爽やかさも両方出せる!

ITEM
ユーアーグラム リキッドアイライナー 03a

● モデルデータ ●
● ジャンル…カジュアルぎゃる
● ブルベ orイエベ…たぶんイエベ
● メイク時間…15分

HOW-TO Eye

1　Aで涙袋の影を描いたら、Bの1を黒目の上に塗る。2を目尻に塗ってグラデをつくる。

2　Bの3を上まぶた全体に入れて、涙袋には4を入れる。全体的に目元をキラキラさせるよ。

3　アイラインは目尻のみ、Cでツリ目っぽくハネ上げると、クールな印象の目元になるよ。

4　ビューラーでまつ毛を上げたら、D→Eの順でマスカラを塗って、再度ビューラーで上げる。

Lip
唇に存在感を出したいから、Hを少しオーバーするよう&しっかり色がつくように塗る。

Nose
Gを全部混ぜて、眉頭から鼻先まで一直線に影を入れて、ホリを深くするよ!

Cheek
Fのチークをブラシに取る。ほお骨に沿って斜め上に入れると、シュッと見えるよ。

JC3 ♡ 戸澤未侞 チャン

A クリオ プロ アイ パレット 08　B 同 101　C ケイト ダブルエキスパート LB-1　D ロムアンド メロウボリュームマスカラ BR01　E キャンメイク ラスティングリキッドライナー 05　F セザンヌ グロウリキッドライナー 20　G クリオ キル ブロウ オート ハード ブロウ ペンシル 03　H ヘビーローテーション カラーリングアイブロウ R 03　I シーグラム コズミック クリスタル ムース ブラッシュ　J ロムアンド デュイフルウォーターティント 02　K M・A・C ラブ ミー リップスティック ホット アズ チリ　L フラワーノーズ ユニコーンシリーズ マジックワンドルージュ ミルクティー　M ロムアンド グラスティングウォーターグロス 01

USE IT!

みんなに憧れられたい♡スイートピーリーメイク

Eyebrow
Gで眉毛を描き足したら、スクリューブラシでボカして、Hの眉マスカラで色を整える。

Cheek
Iをブラシに取って、黒目の下からほお骨にかけて上に上げながらチークを入れる。

Lip
Jを全体に塗って、Kを重ねる。Lを内側に足す。Mを塗ってグラデをつくるよ♡

HOW-TO Eye

1　Aの1をアイホールに塗る。2と3をふたえ幅に塗って4を目尻に重ねてグラデをつくる。

2　下まぶたの三角ゾーンにAの4を入れて、Bの5で地雷ラインを引く。Cで涙袋の影を描く。

3　ビューラーで上下まつ毛を上げて、Dのマスカラを塗る。ピンセットではさんで束感をつくるよ!

4　Eで目尻のみラインを引く。Bの6・7・8を上まぶた中央にのせて、下まぶたはFをのせる。

POINT
ガーリーだから、ピンクにしたよ♥　Aでダブルラインを引いて、Bを上まつ毛のみ塗る。

Color Make-Up

Before

ITEM
A ユーアーグラム リキッドアイライナー a　B コーセー カールキープマジック C

♥ モデルデータ ♥
● ジャンル…モノトーンガーリー
● ブルベ orイエベ…イエベ
● メイク時間…1時間

45

スターだけじゃなくオトナっぽさを意識♪ こってりなナチュラル思考♪

HOW-TO Eye

1. Aの①をアイホールに広げて、Bで目尻にラインを引く。ブラウンでやわらかい目元にするよ！
2. Cの③と④をふたえ幅に塗る。下まぶたの目尻に⑤をのせる。上まぶたは⑥をのせる。
3. Dを涙袋に塗って明るくしたあと、Aの②で影を描いて自然なふくらみをつくるよ。
4. ビューラーでまつ毛を上げたら、Eのマスカラを塗る。ブラシを縦にして束感をつくる。

USE IT!

A キャンメイク パーフェクトマルチアイズ 02　B セザンヌ 極細アイライナー EX 20　C ロムアンド ベターザンアイパレット 03　D キャンメイク アイバックコンシーラー 02　E ヒロインメイク ロング UP マスカラ スーパー WP 02　F セザンヌ ブラシ付 アイブロウ 06　G キャンメイク グロウフルールチークス 04　H ディオール アディクト リップスティック 579

POINT
まつ毛にオレンジマスカラをON。サマー感が出るし、もとのメイクをくずさない万能カラー。

ITEM
フーミー ロング&カールマスカラ N キャロットオレンジ

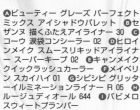

Color Make-Up

Before

♥モデルデータ♥
♥ジャンル… カジュアルガーリー
♥ブルベ orイエベ… ブルベ
♥メイク時間… 40分

Lip
Hを唇の形をなぞるように塗る。主張が激しくならないように色づけるのがポイント！

Cheek
Gを笑ったときのいちばん高いところに、さりげなく色づくように薄く丸くのせる。

Eyebrow
Fで眉尻を描き足してから、Aの②をブラシに取って、すき間を埋めるように全体に塗る。

USE IT!

A ビューティー グレーズ パーフェクトミックス アイシャドウパレット　B セザンヌ 描くふたえアイライナー 30　C コーウ 涙袋コンシーラー 02　D ヒロインメイク スムースリキッドアイライナー スーパーキープ 02　E キャンメイク クイックラッシュカーラー　F メイベリン スカイハイ 01　G シビシビ グリッター イルミネーションライナー R 05　H ルージュディオール 644　I バビメロ スウィートブランバー

HOW-TO Eye

1. Aの①を上まぶたに広げて、②をグラデになるようにボカす。③を目頭と目尻に塗ってしめる。
2. Bで涙袋の影を描く。Cを涙袋に塗って立体感を出す。Aの⑤を下まぶたのキワに塗る。
3. Dでタレ目になるように目尻長めにアイラインを引く。切開ラインも入れて目を拡張する。
4. E→Fの順でマスカラを塗って、ピンセットで束感をつくる。Gを上下まぶたに入れる。

Cheek
Aの④をブラシに取って目の下に濃いめに丸く入れて、ほお骨に沿って上げながらボカす。

Lip
Hのリップを全体に塗ってから、Iのグロスを塗ってぷっくりした唇にする。

Before

アイメイクはていねいに仕込んでぱっちり目の完成★

POINT
ブルーのシャドーを目尻に濃く入れたよ。ピンクメイクともなじんで、意外とやりやすい！

Color Make-Up

ITEM
BW アイシャドウパレット PRM スクエア

♥モデルデータ♥
♥ジャンル… K-POP アイドルぎゃる
♥ブルベ orイエベ… イエベ
♥メイク時間… 40分

JK1 郡司掛楓 チャン

女性らしさを引き出すには自然な血色感を演出する！

USE IT!

Aキャンメイク ラスティングマルチアイベース WP 01 B同 シルキースフレアイズ（マットタイプ）M06 Cウィッチズポーチ セルフィーフィックスピグメント 09 Dヴィセ リシェ グリッター インパクト ライナー GY010 Eキャンメイク クイッククラッシュカーラー BR Fエターナルラッシュ ロングマスカラ Gセザンヌ パウダリーアイブロウ P2 Hエクセル カラーオン アイブロウ CO01 Iセザンヌ ナチュラル チーク N 17 J同 ウォーターリーティントリップ 04 Kディオール アディクト リップ グロウ オイル 012

POINT
流行色のグリーンのマスカラをON。発色がカーキっぽいからオトナっぽく仕上がる★

ITEM ファシオ パーマネントカール マスカラ WP 102

Color Make-Up

Before

♥モデルデータ♥
・ジャンル…キレイめカジュアル
・ブルベ orイエベ…イエベ
・メイク時間…40分

Eyebrow
G①の2色を混ぜて、地眉毛を活かしながら描き足す。Hを塗って眉色となじませる。

Lip
Jを唇全体に塗る。ティッシュオフしてオレンジみを抑えたら、Kを塗ってピンクを足す。

Cheek
Iを大きめのブラシに取って、ほお骨に沿って薄く、自然な血色になるようにのせる。

HOW-TO Eye
1 Aをアイホールに塗る。Bの1を上下まぶたに入れて、2をふたえ幅に入れてグラデをつくる。
2 Bの3を上まぶたに入れたらCを黒目の上に置く。4で下まつ毛のキワを埋めて、目力をUP！
3 Dで目のねもとに近くにインラインを引いたら、目尻は目の形に沿って自然に延ばす。
4 ビューラーでまつ毛を上げたら、上はEのブラウン、下はFのブラックマスカラを塗る。

JK3 森田優羽 チャン

Aクリオ プロ アイ パレット 11 Bセザンヌ 極細アイライナー EX00 Cキャンメイク アイバックコンシーラー 01 Dキングダム カールマスカラ CB Eロムアンド グリッターシャドウ 01 FDQ アイブロウパレット 02 Gヘビーローテーション カラーリング アイブロウ 08 Hセザンヌ ナチュラル チーク N 04 IM・A・C プレップ リップ プライム リップ J同 リップスティック スピリット サテン Kディオール バックステージ フェイス グロウ パレット 001

HOW-TO Eye
1 Aの1をアイホールに塗る。2をふたえ幅と下まぶた目尻に塗って存在感を出す。
2 Bで目尻のハネ上げラインを描き、Aの3で下まぶたの三角ゾーンを埋めて目を拡張する。
3 Aの4で涙袋に影を描いたら、Cのコンシーラーで明るくする。1を重ねてなじませる。
4 ビューラーでまつ毛を上げ、Dの束感をつくれるマスカラを塗る。Eを上まぶたにのせる。

Lip
Iを塗ったら、Jを全体に重ねる。Kの5を山の部分にのせて立体感を強調させる。

Cheek
Hをブラシに取って、Cゾーンからほお骨に沿って、顔の中心ヘボかしていく。

Eyebrow
Fのまん中のパウダーで足りないところを描き、Gの眉マスカラを塗ってなじませる。

POINT
人とカブりにくいイエローのシャドーをセレクト！目尻に濃いめ色にもなるよ。

ITEM コフレドール アーティクリエーター アイ＆フェイス 01

Color Make-Up

Before

♥モデルデータ♥
・ジャンル…オトナカジュアル
・ブルベ orイエベ…イエベ
・メイク時間…40分

にオススメのデザインLIST！

ネイル で 指先から あか抜け♥

学校がお休みになって、たくさん遊びに行ける夏と冬は、ネイルで指先も盛っていかなきゃ★ってことで、セルフでできるデザインをジャンル別に紹介するから、ぜひ挑戦してみてね！

撮影／橋本憲和、小川健[P.49人物、一部プロセス]、堤博之[一部プロセス]、原地達浩[一部プロセス] ※衣装は本人私物、アイテムはすべて編集部私物です。

  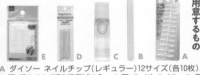

用意するもの
A ダイソー ネイルチップ（レギュラー）12サイズ（各10枚）、B 同 爪やすり（細&粗目）2コ入、C 同 ネイルオイル、D 同 オレンジスティック 10P、E 同 ネイル接着両面テープ

初心者でもOK♥ 正しいネイルチップのつけ方！！
週末だけ楽しめるネイルチップが主流になりつつあるから、つけ方をおさらいしよう！

韓国っぽ

A pa ネイルカラーAA217 B キャンメイク カラフルネイルズN67 C セリア ネイルパーツ アイスオーロラシート3P、D 同 クリスタルミックス

カジュアル

A ネイルホリック BL917 B ダイソー UGT カラーネイルセレクション10a C pa ネイルカラー S015、D 同 S058 E セリア クリスタルミックス

HOW-TO
1 ベースにBを二度塗りしたら、ピンセットで三角形に細かく切ったCを3枚のせる。
2 ピンセットでDをのせる。爪を長く見せるためにパーツを下側に置くのがトレンド♪

オーロラストーンネイル
オーロラストーンでだれよりも輝く夏に★

ラメグラデネイル
HOW-TO Aを先端、先端の1/3、中央までの3段階に分けて塗ったら、ピンセットでDをのせる。
ムラがわかりにくいラメでセルフでも簡単グラデ★

フラワーネイル
トレンドのクリアネイル×お花は

HOW-TO Aで花を描く。まん中に透明のベースコートを点で置いて、その上にピンセットでEを置く。

ニコちゃんネイル

HOW-TO ベースにCを二度塗りする。Dをつまようじの後ろに取って、ニコちゃんの顔を描く。
ゆるっと手描き感が可愛い 定番ニコちゃん

チェックネイル
HOW-TO ベースにAを二度塗りする。細い筆にBを取り、筆を寝かせながら線を引くと描きやすいよ。
色×色の細めチェックがいまっぽカジュアル！

ガーリー

A ダイソー GENEネイル ホワイト、D 同 デコレーション ネイルパーツ ラブリーハート B キャンメイク カラフルネイルズN68 C pa ネイルカラー A112

バレリーナネイル
1 ばんそうこうのテープ部分を切り、爪先部分をあけて貼る。Aでフレンチ部分を塗るよ。
2 細い筆でAを取り、クロスを描く。ばんそうこうの粘着は、しっかり取ってから描こう！
まりくまとオソロのネイルでガーリーな夏にしよ♪

ぎゃる

いま大人気の手描きキラキラデザイン♥

A ネイルホリック BL917、B 同 PK800 C ダイソー GENEネイル ホワイト

キラキラネイル
HOW-TO
1 ベースにAを二度塗りする。細い筆でCを取って、十字を広げて3コ描くよ。太くならないように！
2 1と同じ筆を使って、十字を広げて形をつくる。先端は広げず、まん中から広げるとキレイだよ。

ゼブラネイル

ぎゃるのネイルはやっぱハデ柄でしょ！
HOW-TO ベースにCを二度塗り。細い筆でBを取って、柄を描く。長さをバラバラにしたほうが可愛いよ♥

ドットネイル

HOW-TO Cを二度塗りしたらつまようじの後ろでAを取り、バランスを見ながらドットを描く。
ガーリーの定番ドット柄はモノトーンでオトナっぽく！

ハートネイル
HOW-TO ベースにBを二度塗りする。Dをウッドスティックでとりランダムにのせる。
あえてアンバランスにハートを置くのがコツ♥

夏ネイル
外でのイベントごとが増える夏は、少ないアイテムでいろんなデザインをつくろう♥

セルフネイル

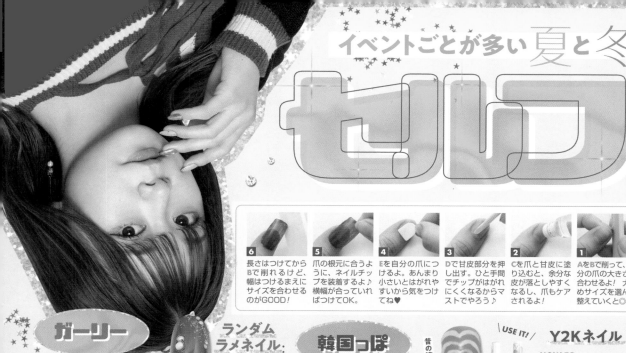

6 長さはつけてからBで削れるけど、幅はつけるまえにサイズを合わせるのがGOOD！

5 爪の根元に合うように、ネイルチップを装着するよ♪ 横幅が合っていればつけてOK。

4 Eを自分の爪につけるよ。あんまり小さいとはがれやすいから気をつけてね♥

3 Dで甘皮部分を押し出す。ひと手間でチップがはがれにくくなるからマストでやろう♪

2 Cを爪と甘皮に塗り込むと、余分な皮が落としやすくなるし、爪もケアされるよ！

1 AをBで削って、自分の爪の大きさに合わせるよ！ 大きめサイズを選んで整えていくと◎。

ガーリー

チェックネイル

暖かい色がラブリー♪

Aダイソー STネイルポリッシュ34、B同57、C同 GENEネイル ヴィンテージカーキ

HOW-TO

Aを二度塗りし、つまようじでBを取り線を描いたら、Cで同じように線を描く。

ランダムラメネイル

ランダムなキラキラがオトナ♥

USE IT！

Aダイソー GENEネイル ダスティローズ、B同 グリッターブロンズ、C同 ネイルジュエリーシール パールアリュール

HOW-TO

Aを二度塗りしたら、ランダムにBを散らす。バランスよくCを置いたら完成♥

韓国っぽ

昔の流行りが復活り♪

ゆきだるまネイル

冬限定のニット風＆雪だるま★

USE IT！

Aキャンドゥ アクリル絵の具 6色セット
Bダイソー GENE TOKYO 17

HOW-TO

好きな色のマニキュアをベースに塗ってよく乾かし、Bで体をつくってからAで顔を描く。

Y2Kネイル

USE IT！

Aセリア ACネイルエナメル045 Bダイソー STネイルポリッシュ57

HOW-TO

Aを二度塗りしたら、Bをつまようじに取り、後ろで中央、先端でまわりのハートを描く。

ツイードネイル

上品なツイード風のアート

USE IT！

Aキャンドゥ アクリル絵の具 6色セット Bダイソー SPINNS ネイルカラービビッドピンク Cパラドゥ ミニネイル BL04 Dダイソー UG カラーネイルセレクション GD-1

細筆で、1と同じ色とDで線を縦→横の順で描く。線は短く描くとおしゃれだよ！

HOW-TO

Aの白、B、Cをスポンジペンに取り、ちょんちょん動かしながらランダムに塗る。

ぎゃる

極細フレンチネイル

キラキラ可愛くて、涼しげ♥

イマドキ女子の新定番

USE IT！

Aキャンメイク カラフルネイルズ N17 Bデュカート ナチュラルネイルカラー N 93

HOW-TO

Aを全体に二度塗りしたら、つまようじにBを取り、先端ギリギリに細い線を引くように塗る。

ガラスフレンチネイル

USE IT！

Aダイソー STネイルポリッシュ25、B同54、C同 デコレーションネイルパーツ メタルホログラム

HOW-TO

Aを二度塗りし、爪先にBを一度塗りした部分にCをピンセットで重ねる。

オトナラメネイル

幾何学っぽい模様が個性的！

USE IT！

Aダイソー GENEネイル ハンサムゴールド、B同 ネイルシールパーツ ウェーブ

HOW-TO

Aがしっかりと乾いたら、Bのシールを自由に貼っていく。シールを貼る爪は2本！

先端ハートネイル

ミニハートがいっぱいで甘め♥

Aキャンメイク カラフルネイルズ N BC Bダイソー GENEネイル ホワイト Cキャンメイク カラフルネイルズ N02

HOW-TO

1 ベースにAを全体的に塗る。乾いてから、Bを爪先にだけ塗ってフレンチにするよ♪

2 Bがしっかり乾いたらCをつまようじの細いほうに取って、小さなハートを描いて完成。

カジュアル

キラキラツリー風ネイル

冬しかできない特別感♥

USE IT！

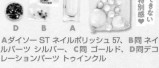

Aダイソー ST ネイルポリッシュ 57、B同 ネイルパーツ シルバー、C同 ゴールド、D同 デコレーションパーツ トゥインクル

HOW-TO

2 BとCの大きい粒から先にのせて、ツリーを完成させる！ Aが乾かないうちに置くよ。Dにある星のラメをてっぺんにのせて完成。

1 Aを全体に塗ったあと、ツリーの大きさを考えながら薄くラメをのせていくよ！

冬ネイル

おうち時間が増える冬は、1本1本こだわってネイルを楽しもう♪

で可愛くなる！

ダイエット成功の秘訣は自分に合った
方法を見つけること！　いろんな
やり方を紹介するから、ムリのない
ダイエットを見つけてね♥

撮影／堤博之　スタイリスト／小野奈央
ヘアメイク／榊ひかる(Lila)
※衣装の詳細はP.96にあります。

健康的な食事で
ムリなくダイエット！

学校に行きながら
こっそりダイエット！

ダイエット

運動でしっかり
ダイエット！

おなか おしり 太もも ふくらはぎ

トレーニング法

撮影／堤博之 ※衣装はすべてモデル私物です。

ふたごモデルの **あんりあんな** サン

高校生のときに2人で−50kgのダイエットに成功した仲よしふたご！ YouTubeでダイエット動画を絶賛配信中！

YouTube チャンネル
ariana channel

【顔痩せ】 惚れる//シュッとした小顔を作るマッサージ方法【たった5分で美肌も叶える】

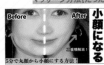

小顔になる

1回たったの5分で小顔も美肌もゲットできるよ♥

【痩せる方法】 学生ダイエットはこれです！ 超効率的にながら痩せ！

痩せよ

学生向けダイエット 3min

多忙な学生必見♪ ながらでできる脚ヤセトレーニング！

脚パカ

仰向けで脚を上げて、開いて閉じてを繰り返し30回。おなかに力を入れることを意識する。

横向き脚パカ

反対も！

横向きになって脚を上げる。おなかに力を入れることが大事！ 左右の脚20回ずつ。

エアバイク

逆回しも！

脚を上げて自転車をこいでいるように回す。前こぎ後ろこぎを30回ずつ。

美脚をゲットしよ！
ふくらはぎ&太もも その1
Calves & Thighs

before after

4分間 脚痩せ
太ももが細くなる

10年間これだけ！リバウンド一切なし！

【痩せる方法】
太もも痩せには絶対これ。
〜を実践〜

---

2 足裏ほぐし

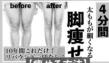
ツボ

指の裏を含む足裏全体をほぐす。かかとまでリンパを流すときに、ツボを押すと効果的！

1 足先&指ほぐし

まずは足先をほぐす。足指のあいだに手指を入れて、1本1本ていねいにほぐす。

\あんりあんなサンが教える/
ダイエットのOK・NG8か条

食事を記録することはOK
スマホでも紙でもとにかく記録をすること！ 記録がめんどくさくなって間食をやめたこともあったよ。

食べないダイエットはNG
食べないと逆に暴飲暴食に繋がるから、ガマンは絶対に禁物！ 3食しっかり食べたほうがダイエットに適している。

体重を気にすることはNG
大事なのは体重ではなく体型！ 理想体型のスキニーを用意して、はけることを目標にするとモチベが上がるよ！

ごほうびDAYをつくることはOK
ガマンし続けるのはストレスだから、なんでも食べていい息抜きの日を週に1日つくるとダイエットが継続できる。

食べるものを人に決めてもらうことはNG
ごほうびDAYも自分が食べたいものを食べる！ 自分で決めると量の調節もできるから、過食を防げる。

暴飲暴食したことを後悔することはNG
「食べられて幸せ」と満足して、そのぶん明日からがんばる気持ちに切り替え！ ただし、むくみだけはしっかり取る。

1日の運動メニューを決めないことはOK
やる気がないときはダラダラするのもあり！ ただしテレビを見ながら脚ヤセトレなど簡単なことは必ずやってたよ。

ダイエットの目標と目的を決めることはOK
なんのためにヤセたいか明確にしないと継続が難しいから、理由はなんでもいいから目標・目的を持とう！

---

5 ひざ&太ももほぐし

ひざと太ももをよくほぐして、リンパを脚のつけ根まで流す。つけ根を強めにプッシュ！

3 くるぶし&ふくらはぎほぐし

足裏からの毒素を上げるイメージで、足首とくるぶしもほぐしながらひざ下まで押し流す。

ファイト！

4 ひざ裏リンパ押し

リンパ

ふくらはぎの裏を親指で強く押したりして全体をほぐしたら、ひざ裏を押してリンパを流す。

いちばんのお悩み！
ふくらはぎ&太もも その2
Calves & Thighs

【脚やせマッサージ】
韓国人モデル直伝！
足が細くなる
リンパマッサージ方法
【入浴後に脚痩せ】
〜を実践〜

浮腫み解消
お風呂上がりに
脚痩せ
10年リバウンドなし！

before after

2人で-50kgのダイエットに成功したツインズ直伝!!
下半身の パーツ別

いちばんお悩みが多い脚を含めた、下半身のパーツを集中攻撃! ヤセたいパーツの動画を見ながら一緒にトレーニング♪ ダイエットのオキテも参考にして気合いを入れよう♥

毎日5分だけ
【毎日5分】
最速で腹筋を割るトレーニング!誰でも簡単にできる方法。
≫を実践

脚パカクロス

脚を閉じるのではなくクロスさせる。呼吸は止めないよう注意! 30回×2セット。

ぽっこりしてない？ おなか Stomach

おなかぺたんこトレーニング

脚を伸ばして仰向けになる。腰が反らないように腹筋の力で腰を床に押さえつける。

← タオルを敷いて

脚を左右交互に上げ下げする。お尻にタオルを敷くと痛みが軽減! 10回×2セット。

4分間 お尻
スキニーが似合う美尻になる
【まだ間に合う】
今年中にスキニーが似合う美尻になる!4分間ヒップアップトレーニング!
≫を実践

タレてちゃ恥ずかしい お尻 Hip

背中とおしりの引きしめ

仰向けで両ひじとかかとを床について体のラインが直線になるよう、お尻を持ち上げキープ。

お尻の横を引きしめる運動

反対の脚も!

ひざの角度を90度に保ったまま、息を吐きながら片脚を開く。そして閉じるを左右20回ずつ!

手を肩幅に開いて四つんばいの姿勢になる。おなかに力を入れることを意識!

ドンキーキック

反対の脚も!

かかと合わせヒップアップ運動

うつ伏せの姿勢で、脚を上げて足裏をそろえる。そのまま上に上げて下げての動作を10回。

脚は上げられるところまで上げるのがポイント! 自分のペースで左右20回ずつ。

上と同じ四つんばいの姿勢になって、片脚を後ろに蹴るイメージで後ろに上げて下げる。

hana サンのすごすぎる経歴!

2007年	USJクリスマスライブ BoA バックダンサー出演
2009年	全国スーパーキッズダンスコンテスト西日本大会優勝
2011年	韓国 super star K ファイナリスト出演
2015年	東方神起tour WITH サポートダンサー
2016年	2017年の関西コレクション振り付け・出演
2019年	ABEMA「恋愛ドラマな恋がしたい」振り付け

いろんなジャンルの振り付けを担当!

スポーツチームや恋愛ドラマ、フェスなど、多様なジャンルの振り付けを担当しているよ!

教えてくれたのはダンサーの **hana** サン

レッスンやワークショップも開催中♥

レッスンやワークショップに参加したら、hanaサンからダンスを教わることができるよ! hanaサンのSNSを要チェック★

Q ダンスって体を鍛えられるの?

A とくに**インナーマッスル**が鍛えられるよ!

hanaサンも実感済み

「ダンスはインナーマッスルが重要だから、自然と腹筋も鍛えられるよ!」

有名ダンサー hanaサンが教える♥

ダンスも踊れてカラダも引きしまっていいことだらけ♪

ダンスで美BODYを手に入れる!

ダンスをしっかり踊ると体の引きしめに効果があるから有名ダンサーのhanaサンに、体をほぐすストレッチ方法や、今回特別に考えてもらった全身を刺激するダンスを紹介するよ★

撮影／堤博之
※クレジットのないアイテムはすべて本人私物になります。

hana サン的ダンスマイルール

食べたいものは食べる!!

「食べることが好きだから、食べたいものはガマンしないで食べて、ダンスを踊って消費する!!」

ダンス着はおなか出しがマストファッション!

「踊ったときの体のラインがわかりやすいように、おなかを出すファッションが多いよ」

毎日筋トレ なんと腹筋5パターンも!

「体を絞りたいときは筋トレがマスト。ノーマルな腹筋から、インナーマッスルが重要な腹筋5パターンをダンスまえにやるよ!」

54

スタート！

STEP 5 全身ほぐし
前屈をしたら立って、手首と足首を念入りに回すよ。ダンスで動かすパーツだから油断は禁物！

STEP 6 首まわりほぐし
手で左右、上下に頭を押して、首まわりを伸ばそう。最後にぐるっと回すのがポイント

グーっと押すよ　反対も！　グルグル　上げる！

STEP 4 腕ほぐし
胸の前で腕をクロスして伸ばす。頭の後ろで腕を組んで伸ばしたら、開脚して上体を片側に倒して伸ばすよ。

反対も！　反対も！　ていねいに伸ばすよー！　反対も！　ここまで脚反対のもやるよ！　しっかり伸ばしてー！

hanaサン直伝！
ストレッチルーティン♥
ダンスを踊るまえに必ずやるストレッチ方法を教えてもらったよ！
全身をしっかり伸ばした状態で、ダンスに挑もう♪

STEP 3 脚ほぐし
伸脚をしたら、片脚を後ろに伸ばして、3段階で脚をほぐすよ。足裏は床にしっかりついているのがポイント！

直角！　右側も！

STEP 2 腰まわりほぐし
脚を開いて上体を左側に倒す。円を描くように徐々に前に倒して、両腕を交互に大きく上に開いて背中を伸ばす。

反対の腕も！　しっかり伸びをかんじて！　胸から腕を開くー　伸ばすー　グルグル

---

hana サン考案！ 全身を刺激！ K-POPダンス
hanaゔッが特別に引きしめ効果のあるダンスを考えてくれたよ！全身をしっかり伸ばしながら踊ると効果バツグン♪

I got all ～ のところ

Lightning ～ のところ

Never let it ～ のところ

TWICE The Feels のサビ　MUSIC START♪
hanaゔッが実際に踊っている動画をPopteen公式TikTokにて公開！(@popteen_jp)一緒に踊ってね！

You have ～ のところ

大きく振って　2回やるよ
右腕を前から大きく振って、戻すときにひじを曲げて右に引く。腕を振るときに胸も腰も前に出して引くを繰り返す。

しっかり脚上げて
右脚を外側にひざを曲げながら蹴るように出す。そのあと着地したら、今度は前にひざを持ち上げて着地する。

フリフリ　フリフリ
両腕を上げてひじから右左の順に振る。同時に腰も同じ方向に振る。腰を振るときに力をおなかに入れよう！

大きく回して　大きく2回腕を回すよ
右ひじを引いて、肩から2回大きく腕を回すよ。同時に右脚はひざから持ち上げて下ろしてを繰り返す。

2回やるよ　大きく振って
左腕は後ろに振って戻すときにひじを曲げて左に引く。ひじを引くときに胸も前に出すと肩甲骨も伸びるよ！

脚上げるよー
左脚でも同じことをやるよ！ひざを前に持ち上げるときに、お尻もしっかり動かすように持ち上げよう。

両腕を上に上げて、時計回りに大きく回そう。腰も同じように回すよ。このときもおなかに力を入れるのがポイント！

大きく2回腕を回すよ　しっかり脚上げて
今度は左側も2回繰り返すよ。腕は伸びを感じながら、脚はお尻から持ち上げるのがポイント！

Boy I,boy ～ のところから
から、くり返してもOK！
2回くり返すよ！
反対回しもするよ

No.

大富みさきチャン

のび〜

眠気防止にもなる！(笑)

正しい姿勢で座るだけで下っ腹が強化★

耳・肩・お尻が一直線になるよう、骨盤を立てて背スジを伸ばす。下っ腹に力を入れながらひざをとじて座る♥

おなか

太もも
教科書を挟んで内モモの筋肉を鍛える♥

姿勢を正したら、足の裏全体が床につくように座る。少し厚みがある本をひざに挟み、落とさないようにキープ。

背中
肩甲骨を動かして、背スジを鍛える！

背スジを伸ばして視線はまっすぐ、背中の後ろで両手を組む。肩が上がらないように腕を上下に動かし、肩甲骨を動かす。

コツコツやって美ボディゲット♥

ダラ〜

これはNG！

背もたれにもたれかかる・猫背・脚をひらいて座るなど、骨盤が歪んで太る原因になる！

脚
机を活用して足裏のツボを刺激する☆

足裏にはツボがいっぱい！ 全体を刺激すると血行がよくなって冷え＆むくみ解消に♥ ゴルフボールを踏んでも◎。

脚を上下に動かして机の下で腹筋トレ♪

←机に置いた手に力を入れて、両ひざをゆっくり持ち上げて5秒キープ。ゆっくり下げるよ。これを繰り返す！

おなか

上田美夢チャン

おなか
腹式呼吸でインナーマッスルを鍛える！

フゥ〜

鼻から息を吸って、おなかに空気を溜めるようにふくらませ、ゆっくり息を吐きながら、おなかをへこませるよ。

zoom up!

グリグリ

撮影／堤博之、小川健［一部人物］
※衣装はモデル私物です。

ながら＝でできる

授業中
通学中
休み時間
を有効活用したヤセテク集めました♥

ラク×2学校ダイエット

がっつりダイエットをするのは難しいけど、ふだんの学校生活のなかに取り入れられたら継続しやすいよね！ てことで、ながらでできるヤセテクを大量公開しちゃうよ★

ちょっとした時間もムダにしない！！

友だちと一緒なら続けられるよね♪

通学や移動中にできるヤセテク♥

ヤバッ

脚
あえて遅刻ギリギリを狙って全力ダッシュ！

無理やり走らなきゃいけない状況をつくって、猛ダッシュ！ 走ることは脚・腰はもちろん、おなかまで脂肪燃焼効果が期待できるよ★

おしり
階段は1段飛ばしで登る！

お尻だけじゃなくて太ももの裏側も鍛えられるよ。かかとから床につけて、お尻の筋肉を使って登るイメージ★

全身
ラジオ体操を真剣にする！

ふだんなかなか動かさない筋肉や関節を使うから、血行がよくなって代謝がUP★ 約3分だから、ちょうどいい！

せっせっ

勝負！！
バチ バチ バチ

脚
電車やバスはつねにつま先立ち！！

移動車を使う場合は、座らずに立って、かかとを上げてつま先立ちをしよう。お尻にもキュッと力を入れるとより効果があるよ★

おなか＆二の腕
ゲーム感覚でできる二の腕の筋トレ！

イスのサイドを手で持って座り、スタートの合図でお尻＆足を持ち上げる。肩が上がらないようにするのがポイント。

zoom up!

顔
ツボでダイエットをアシスト！

耳の入り口にある出っぱり横にある、くぼみの少し下をプッシュ。食事の10〜15分前に押すよ。

ほうれい線防止

おなか
着圧コルセットで理想のボディーラインをつくる！

クリエイターモデルの、きゃすみ＆ひなちゃの2人も愛用♥ 制服の下に巻いて、キュッと引きしまったウエストに見せる♪

♪ カス カス

背中
全力のカスカスダンスで背スジの運動！

オードリー春日ッの持ちネタ。胸をはって手を胸の高さで後ろに引き、「カスカス、カスカス、春日」っていいながらダンス♪

56

温活ヤセダイエット！

体を温めると血行促進＆代謝がUPしてダイエットに効果あり！　運動が苦手ってコでも大丈夫。ふだんの生活に取り入れながら、手軽にできる温活テクを一挙紹介するよ♪

撮影／原地達浩　●掲載アイテムの問い合わせ先はP.96にあります。
※クレジットのないアイテムは編集部私物です。

体を刺激して代謝をUPする お風呂＆ツボ押しテク

サウナをお風呂で体験したり、ツボを刺激したり、入る＆押すだけで簡単に体を温めよう！

おうちのお風呂でサウナみたいに　体を温める入浴法

3 水シャワーのあとに体を洗って出る！
汗や毒素をデトックスしたところで、体をキレイに洗ってスッキリしてから出よう！

首の後ろにも当てて冷やしていくよ〜！

1 まずは芯から体を温めるよ！
41〜42℃くらいの少し熱めのお湯にゆっくり入浴。入浴剤を入れると、より効果がUP！

2 MAX冷たくしたシャワーを頭に！
体がポカポカになったら水シャワーを頭から浴びるよ。頭皮を冷やすとスッキリ度がUP！

4 イスに座って目を閉じて〝ととのう〟！
座るか寝転んでとのういタイム。窓をあけたり、お散歩に出て外気を浴びたりしてもOK。

サウナ好きで熱波師の資格持ち

POPの元祖美容番長OG 菅野結以ッんに聞いたよ！
「体を温めるためにお風呂はしっかり12分入るよ！ここは個人差があるから、自分が温まったタイミングでOK。サウナではそのあと水風呂へ。4分ほどでリラックスモードになる、いわゆる〝ととのい〟の波がきはじめるから、おうちでは冷水で代用してみてね♥」

温感効果のある重炭酸入浴剤を入れて、お風呂で代謝UP！

汗をたっぷりかいて芯からポカポカに。温浴効果を促進して疲労回復＆冷え性改善に。[薬用BARTH]中性重炭酸入浴剤（9錠）¥990／BARTH

まるで美容液のお湯に入る感覚で美容保湿成分30%配合でスキンケアもできる！[浴用化粧品]炭酸源ブラウンシュガー¥550／SCOPEDOG236

体を温めるツボ押しを　日課にして冷え性を改善！

腰のツボには貼るカイロを♥

ウエストラインの背骨から指2本分の、外側の両サイドにある腎ゆ（じんゆ）もきく！

むくみを解消して血流を流す血海（けっかい）

ひざの皿から脚のつけ根側に指幅4本ぶん移動した内側に。血流をよくしつつ冷え対策に！

関元（かんげん）の刺激で冷え解消！

おへそから指幅4本ぶん下にあるツボ。生理痛にも効果があるといわれているよ！

万能のツボといわれる合谷（ごうこく）！

手の甲の親指と人さし指のあいだの凹んだ部分にあるツボ。グッと押して刺激しよう。

血流の循環不良にきく湧泉（ゆうせん）
足裏の土踏まずより少し指側のくぼみの部分にあるツボ。痛気持ちのいい強さで押す。

足首をスッキリさせる太けい（たいけい）
内くるぶしとアキレス腱のあいだの凹んだ部分。肝臓を活性化させてむくみや冷えを改善！

かかとの中央にある失眠（しつみん）
むくみや下半身の冷え対策以外にも、不眠対策や精神のリラックスにも効果があるツボだよ！

Q 代謝をUPさせるとどうしてヤセるの？

基礎代謝をあげると消費カロリーが増えてヤセやすい体に変わっていく！
○汗をかくことで新陳代謝が活発になって美肌＆美髪に！
○体温が上がって冷え性・むくみの予防になる！

だからいいことづくめ！

オールシーズン〝HOT〟！ ポカポカ体にするテク＆グッズ

食べ物やルームウエア、寝るときの温活グッズなど、内からも外からも温まるアイテムを紹介！

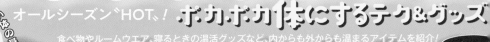

体を温めてヤセやすい体の基盤をGETしよう♪

寝るまえ＆睡眠中にも冷やさないテク！

体を温めるスパイシーな香りのマッサージバー
血液の循環を促し、こわばった筋肉をほぐすよ。マジック・マッスル¥1400／ラッシュ

内蔵された磁力が血行促進＆コリ改善！
メディキュットマグネフローソックス™オープン価格／メディキュット

おうちにいるときのくつろぎタイムはおなかや足元をケア

まるで毛布みたいにポカポカなベロア素材！

胸下までしっかり温められるハイウエスト。腹巻きパンツ¥1419／チュチュアンナ

体温調整をしてくれるソックス！

上から、[ちょうどいい靴下]直角ヒールドット温調ソックス、同 幅広ロゴム無地温調ソックス16cm丈 各3足セット¥1100／チュチュアンナ

食べ物＆スパイスで内側からポカポカに！

体を温めるドライフルーツをおやつに
しょうがやレーズン、温活に適しているドライフルーツを紅茶に浮かべればおしゃれ♥

血流を促進する薬味を入れて！
生のしょうがは加熱すると、血流を促進して体を温めるからホットドリンクに入れてみて。

辛いものが好きならとうがらしを日課に！
薬膳で体をよく温める食材としてメジャーなとうがらし。豚汁などに入れて食べてね。

ヨーグルトやドリンクで取り入れよう！
シナモンは内臓から体を温めてくれるうえに、香りにはリラックス効果もあるよ！

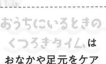

しょうがココアのつくり方

ココアパウダーをお好みの濃さでお湯で溶かしておく。ダイエット中は無糖を選んで。

はちみつを小さじ1杯混ぜる。しょうがの辛味を調整する最小限の分量を入れるよ。

すりおろしたしょうがを混ぜて完成。量は小さじ1杯くらいから味をみながら調整してね。

ダイエットの効果があったものだけをピックアップ!! リアルダイエット記録!

自分磨きに成功した読モの

自分と向き合って納得のいくダイエットを、自分磨きの成功者の意見が聞きたい！ってことで、ティーンズに聞いたダイエットのQ＆Aも必見だよ!!

成功させたコたちを紹介！ ティーンズに聞いたダイエットのQ＆Aも必見だよ!!

撮影／堤博之 ※掲載衣装はすべて本人私物です。

Real diet records

毎日鏡を見てモチベUPするのが楽しみ♪

Before 51kg

Now 43kg

身長167cm、JK1

成松みりチャンは
計画的に
ストイックダイエットで
1か月で8kg減量!!

憧れのモデルになるために、1日のスケジュールをみっちり立ててストイックにすごして、見事減量に成功♥

週1で泳ぎに行く！

「週に1時間、スイミングスクールに通っているよ。選手コースでガチで泳いでる！」

早寝早起き
気持ちいい〜

「22〜5時のあいだは成長ホルモンが出るから、ヤセやすい体になるといわれているよ」

毎日ジム通い！

「地元の市民体育館のジムで2時間、筋肉を意識してトレーニング。走りがメインだよ」

おうちでエアロバイク

「ジムに行けない日は、家にあるエアロバイクで小説を読みながら2時間以上こいだよ」

ストレッチ＆筋トレ
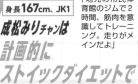
「寝るまえに開脚、腕立て、背筋、バランス、スクワットをやって体を温める！」

おかしは低カロおつまみ系がGOOD!

「おつまみ系は間食欲求を満たせるけど、塩分が高くむくみやすいから食べすぎ注意！」

オートミールピザを自作！
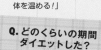
「生地がオートミールのピザをよくつくるよ。カロリーは一般的なピザの1／3！」

ティーンズに聞いた ダイエットQ＆A

Q. どのくらいの期間ダイエットした？

- 2週間以内 32%
- 2週間〜1か月 23%
- 1〜3か月 23%
- 半年〜1年 14%
- 3〜6か月 4%
- 1年以上 4%

短期間が多い結果に！継続が難しいから、短期間でイッキにヤセたコが多いみたい。

Q. ダイエットをして何kgヤセた？

- 〜3キロ未満 41%
- 3〜5キロ 27%
- 5〜8キロ 23%
- 10キロ以上 9%

大きく減量するのは難しいけど、数字じゃなくて自分に合った体型をめざすのがいいね♪

Q. なぜダイエットをはじめたの？

1. スタイルがよくなりたいから
2. 好きな人に振り向いてほしくて
3. 着たい服を着こなしたいから

モデルやK-POPアイドルのスタイルに憧れて、そうなりたい！っていう意見が多かった！

Q. どんなダイエットをした？

- 食事制限 41%
- 運動 41%
- 体質改善 18%

食事制限 腹八分目にしたり間食をやめたり、挑戦しやすいって意見が多かったよ。

運動 YouTubeでダイエット動画を見ながら運動するってコが多かった！

体質改善 効果が出るのに時間がかかるから、コツコツ続けられるコ向き！

Q. ダイエット中に食べていたものは？

1. 野菜
2. サラダチキン
3. ヨーグルト

野菜の回答が圧倒的に多かったよ！栄養も豊富だから一石二鳥だよね♥

Q. ダイエットで役立ったグッズは？

1. 筋膜ローラー
2. 着圧ソックス
3. コルセット

テレビを見ながら筋膜ローラーで脚をコロコロしてるっていう意見が多かったよ！

朝食はしっかり、昼＆夕食は少なめ！ ロールモデルはBLACKPINKのロゼ♥

朝食はしっかり、昼＆夕食は少なめ！
「朝食はしっかり食べて、昼と夕食は消費量が少ないから、食べる量も少なめ！」

夕 / 朝

ロールモデルはBLACKPINKのロゼ♥

がんばろう
「ピンタレストでロゼの画像を検索して、ダイエットのモチベを上げていたよ」

年に4回だけ！ 7.5kmのジョギング
「代謝を上げる＆保つという目的で、年に4回だけジョギングをするよ」

腹式呼吸
の〜び〜
「おなかの筋肉を使うから自然と腹筋が鍛えられるよ。運動が苦手なコにオススメ！」

バレエの経験を活かしたストレッチ

「バレエをやっていたおかげで体はやわらかいよ♪ おもに脚が伸びるように意識してる！」

継続は力なりを身をもって実証!!

Before 51kg

Now 45kg

身長167cm、JK2

五十嵐凛チャンは
長期間でマイペースに
2年で6kg減量!!

成長期の体質の変化による増量に悩まされた凛チャン。焦らず2年かけて自分の生活と向き合って、ムリせず減量！

左カラム（上部）

Q. 効果がなかったダイエットは？

🥇 過度な食事制限

🥈 サプリを飲む

🥉 水を大量に飲む

食事を抜くのは絶対NG！一時的にヤセるけど、リバウンドするし、反動で過食になるみたい。

Q. ダイエットで気をつけたことは？

🥇 ムリに食事制限をしないこと

🥈 適度に運動をすること

🥉 途中でやめないこと

食べないと体に力が入らなくなって、何をしても効率が悪くなるから要注意!!

森湖己波チャン

おうちでトランポリン

「毎日、寝るまえに10分ジャンプしていたら、おなかまわりがスッキリした実感あり！」

毎日20分ランニング

「長時間走るとあきてやる気がなくなるから、20分が自分の限度だってわかった！」

セルライト潰し

「マッサージ器を使ってセルライトを撃退した！脚が細くなった気がする♪」

オススメのつぶこんにゃく♡

「白米と混ぜて食べていたよ。味に違和感はなくて満足度が高かったからオススメ♪」

階段は上るしかないっしょ！

「がっつり体を動かせない日でも、ささいな運動として行なっていたら、習慣づいた！」

ごはんは30回かむ！

「たくさんかむほど満腹感が得られるし、あごの肉もなくなって一石二鳥！」

朝は筋トレからスタート！

ピーン！

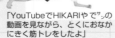

「YouTubeでHIKARIやでゞの動画を見ながら、とくにおなかにきく筋トレをしたよ」

Before **51** kg
Now **43** kg

身長157cm、JK1

森湖己波チャンは
ジャンプで脂肪もストレスも燃焼ダイエットで
7か月で8kg減量!!

トランポリンに憧れて買ってもらったという湖己波ぷ。ちゃんとジャンプの効果を発揮しているのがすごい！

金子蓮チャン

激しい運動はなし♡　簡単だけど続けることがカギ！

毎日水を2ℓ飲む

「こまめに飲むことがポイント！むくみが解消されていくのが目に見えてわかったよ」

寝るときはメディキュットがマスト！

「メディキュットをはくのとはかないのでは、翌朝のむくみ方が全然違うから絶対はく！」

筋膜ストレッチ

コロコロ〜

→「脚をメインにコロコロするよ。ふくらはぎ→太ももの順にほぐしていくとGOOD！」

ゲルマバスで半身浴

あつ〜い

→「ゲルマバス入浴剤を使って、週3で半身浴を30分しているよ。めっちゃ汗が出る！」

代謝UPの筋トレ

「太ももの肉を落としたいから、脚パカやプランクなど太ももにきく筋トレを継続中」

Before **57** kg
Now **52** kg

身長162cm、JC3

金子蓮チャンは
生活整えダイエットで
6か月で5kg減量!!

もともとむくみやすい体質で、薬の副作用で体重まで増量しちゃったけど、コツコツむくみを撃退して美をGET♡

左カラム（下部）

Q. リバウンドした？

YES 23%　**NO 77%**

食べすぎで戻っちゃったコもいたけど、ダイエット生活が身についたってコもいたよ！

Q. ダイエットしてよかったことは？

🥇 可愛くなったといわれること

🥈 自分に自信が持てたこと

🥉 おしゃれを楽しめること

ホメられると自分に自信がついて、何事も前向きに捉えられるから毎日が楽しいよね！

Q. 今後の目標は？

🥇 体型維持

🥈 ほどよい筋肉をつけて引きしめる

🥉 もう少しヤセる

ほどよく筋肉をつけて、いまの体型をキープしたいとの意気込みがたくさん届いた!!

中央下カラム

小顔ローラーで無限にコロコロ

コロコロ〜

「ほおのいちばんぷよぷよしているところを重点的に、永遠にコロコロしていたよ」

夕食は炭水化物NG

「夜は炭水化物を摂ると太りやすいと聞いて、もやしスープなど低カロなものを食べた！」

脚のマッサージは念入りに♪

トン

トン

「脚をグーでトントンして老廃物を上に流すマッサージをしたら細くなった気がする♪」

右カラム

Q. 何がダイエットのモチベだった？

🥇 ヤセたときの姿を想像する

🥈 好きな人や推しを思い出す

🥉 憧れのモデルの画像を見る

ヤセたらしたい憧れのシチュエーションを想像して、それを楽しみにがんばってるコが多かったよ！

Q. 理想のPOPモデルは？

🥇 にこるん

🥈 めるる

🥉 さくてぃん

元POPモデルのにこるんが1位に★ 細いだけじゃなくて、筋肉もあるから憧れだよね♪

兼松美羽チャン

ダイエット初心者にオススメメニュー♪

YouTube動画で一緒に脚パカ

「YouTubeでなるねぇゞの動画を見ながら一緒に脚パカ！太ももも細ももになった！(笑)」

Before **56** kg
Now **52** kg

身長167cm、JC3

兼松美羽チャンは
憧れの女優さんみたいになりたくて
4か月で4kg減量!!

好きなモデルや女優に憧れてダイエットを決意！食事制限から運動まで満遍なくダイエットをしたよ♪

低カロおやつでムリなくキレイになろう♪

✕（NG）にアンサー！

撮影／蓮見徹、原地達浩[一部人物]、ヘアメイク／榊ひかる(Lila)
●掲載商品の問い合わせ先はP.96にあります。　※クレジットのないアイテムは編集部私物になります。

桃伽、ラナ・ブラウス 各￥4985／ウィゴー

セーフなの!?
食べてもダイエットに影響がなさそうと思いがちないろんなおやつをジャッジ！

甘いものはカロリーが高いからオススメできない！
低カロだからOKだと思ってたおやつたちは、じつはほとんど砂糖のかたまりだったことが判明！

教えてくれたのは　栄養士・料理研究家の **桂文絵先生**
栄養士・フードコーディネーターの資格を持ち、料理教室トレーナー講師を務めた経験もあり。最近はInstagramにてヘルシーレシピを公開中！　料理教室も開催しているから興味があるコはInstagramから問い合わせしてみてね♪
@ @heart.cooking.school

干し梅
甘じょっぱさがたまらない♥
OK 1、2コならOK！
低カロで体にいい成分が豊富だけど、塩分が多いので食べすぎには要注意。むくみやすいから気をつけて！

ミントタブレット
口内がさみしいときに手軽に食べられる★
OK 1箱ならOKだけど食べすぎは注意！
ミントは食欲を抑えてくれる効果が期待できるよ！　イッキに食べないで、少しずつつまんで食べよう。

おしゃぶりこんぶ
食べてるうちにやみつきになる。
OK 1袋ならセーフ！
こんぶは低カロリーで食物繊維が多く、ミネラルも豊富♪ ダイエットだけじゃなくて、美髪ケアにもオススメ♥

ものは注意！　カロリーは比較的低いからダイエット向きだけど、塩分が高いからむくみやすい落とし穴が!!

ハイカカオチョコレート
OK 5、6枚でセーブしよう！
カカオは高ポリフェノールでじつは体にいい食品。濃度が70%以下は糖分が多いから、ビターを食べよう！
カカオ70%以上っていうのがポイント！

フルーツ入りならよさそうに見えるけど､、

ゼリー
NG じつはカロリー高め！
爽やかに見えてダイエットには向かない。食べたいときは、0キロカロリーを選ぼう！

寒天
低カロおやつの代表ってイメージ！
OK 1パックならOK！
食物繊維が豊富で満腹感が持続しやすいから、食べすぎ防止になるよ！　便秘改善にもなるからいいことづくし♪

こんにゃくゼリー
かみごたえがあるから少量でも満腹感GET★
OK 5、6コならOK！
こんにゃくは食物繊維が豊富で、満腹感を得やすく、血糖値の上昇も抑えてくれるから、ダイエット中に◎。

ラムネ
NG オススメできない！
ブドウ糖が豊富で勉強には向いているからティーンにも人気だけど、じつは砂糖のかたまり!!　食べないほうが◎。

おからはダイエットにいいって聞くよね〜！

おからクッキー
OK 5、6枚ならOK！
おからは低糖質で高タンパク質だからダイエットには最適★ 満腹感も得やすい。低カロのものを選ぼう！

みんな大好き♥ 愛され鉄板お菓子！
食べやすくて何粒でもいけちゃう♪

グミ
NG 糖分のかたまりだよ！
グミは見た目に反してカロリーが高いから、食べすぎに要注意！　かみ応えのあるものや、低糖質なものを選ぼう。

ダイエット中にオススメ♥ 手軽に食べられるコンビニスイーツ集!!
ヤセたくてもやっぱりおやつは食べたい！っていうコ必見!!　コンビニで手軽にGETできるヘルシーおやつを一挙紹介♪

プロテイン ザバス
手軽に摂取できておいしく続けられるプロテインドリンク。+SOYはビタミンD、B6配合♪
右から、(ザバス)MILK PROTEIN 脂肪0+SOYミルクティー風味／同ソイラテ風味 各￥178／ともに明治

ドリンク
ジュース飲むならコレを飲め！

セブンプレミアム
カロリー、糖質、脂質がすべてゼロ！　トリプルファイバー500は、1本でレタス3コ分の食物繊維が含まれてるよ。
右から、セブンプレミアム ゼロサイダートリプルファイバー 500㎖／同 トリプル乳酸菌 500㎖ 各￥108／セブンプレミアム(セブン&アイ・ホールディングス)

チョコレート
エブリデイチョコでもOK！
右から、LIBERAミルク、同 ビター各￥186(編集部調べ)／ともに江崎グリコ
脂肪や糖の吸収を抑える食物繊維の難消化性デキストリンが加わってる画期的なチョコ。

しゃりもにグミ
グミ
やわらかさのなかにもかみ応えがあって〝もにもに〟食感。を楽しめるよ。ヨーグルト味にはビフィズス菌も配合されていて健康的！
しゃりもにグミヨーグルト味￥140(編集部調べ)／ブルボン
食感あり！

SUNAO
糖質10g以下のアイスシリーズ。とうもろこし由来などの食物繊維もたっぷり入ってる♪
アイス
夏になるとさらに食べたくなる。
左上から時計回り、SUNAOバニラソフト、同 チョコ&バニラソフト、同 ストロベリー&ラズベリー、同 チョコモナカ各￥195(編集部調べ)／以上江崎グリコ

チョコモナカを食べたけど、これで糖質10g以下とは思えないくらいおいしいからオススメ！(ここちゃ)

間食はダイエットの敵だってわかっているけど
ガマンばっかりじゃストレスMAX！

このおやつ食べて OK or

ダイエット中でもヘルシーなものならOKってコが多いけど、一見ヘルシーそうな食べ物は本当に食べても大丈夫なのか栄養のプロがチェック!!

ダイエット中に食べているおやつは本当に

ヘルシー系はオールOK♥

よくダイエットの話に出てくる、美意識高めのおやつは摂取量を守ればOK!!

甘栗
自然な甘みだからダイエット中に最適！
OK 1パックならOK！
食物繊維が豊富で、甘くても砂糖不使用だからGOOD！ 砂糖不使用の無加工商品を選ぶことがポイントだよ♪

バナナ
甘いのに栄養価が高い…大好き♥
カリウムが超豊富だからむくみ解消に効果があるし、食物繊維も豊富だから便秘解消にも期待ができるよ！

フルーツグラノーラ
NG 意外とカロリー高め！
食べるなら砂糖不使用のものを選んで！生のフルーツ＋ハチミツと食べるのがオススメ！

ヨーグルト
OK プレーンがオススメ！
タンパク質が豊富で便秘解消に最適だよ！ 加糖よりも無糖がオススメ。苦手なコはハチミツかけよう♪

腸内環境を整えてくれるスグルもの♪

フルーツ
甘いものを食べたいときにピッタリ♪
OK 200gならOK！
ビタミンとミネラルが豊富で美肌にも効果あり！ 缶づめは糖分が高いからフルーツとはまた別物だよ！

ナッツ
ダイエット食＝ナッツのイメージあり！
OK 目安は1本！ 片手分ならOK！
良質な脂質が豊富だから体にいいけど、高カロリーだから食べすぎには注意！ ミックスナッツがオススメ♪

さけるチーズ
意外とカロリーが高い落とし穴！
OK 1本までセーフ！
タンパク質が豊富でトレーニングの効果も高めてくれるよ。脂質と塩分も多いから1本でとどめよう！

干しイモ
さつまいも本来の甘さが引き立つ♡
OK 1袋ならOK！
食物繊維や美容にいい成分が豊富だよ。食べ応えもあるからオススメ！ 糖質は高いから目安は守ろう。

ゆで卵
コンビニでも手軽にGETできる♪
OK 1コがベスト！
卵は栄養価が高い食品。タンパク質も豊富でダイエット向きだけど、コレステロールが高いから1日1コが限度！

おいしいうえにさくのも楽しい★

茎わかめ

なんともいいながらも食感がクセになる♪

OK 1袋ならOK
低カロリーで食物繊維とミネラルが豊富。だけど、塩分もあるから食べすぎは要注意！ 1袋にとどめよう。

魚肉シート
NG 駄菓子は栄養素なし！
駄菓子屋で売っているものは、揚げているからNG！ 駄菓子は栄養がないから、ダイエット中に食べる意味がないよ。

一見コスパよさそうに見えるけど…

するめ
OK 20gが目安
低カロリーで高タンパク質で、さらにはかみごたえもあって満足感が高い♪ 同時に塩分も高いから目安は20gまで！

たくさんかむから小顔効果にも期待♪

しょっぱい 食べる量に

セブンプレミアム

やわらかな口当たりながらも食べ応えのある「0キロカロリー」の寒天ゼリー！ 小腹がすいたときにGOOD！

ゼリー 0キロカロリーって魅力的♥

ゼリーはおなかにたまるし、なんといっても0キロカロリーだから罪悪感なく食べられる♪（きらら ん）

左上から時計回り、セブンプレミアム 0キロカロリー寒天ゼリーぶどう味、同 みかん味、同 りんご味（各2コ入り）各￥138／セブンプレミアム（セブン＆アイ・ホールディングス）

SUNAO

体にいいオリゴ糖を使用。 1袋食べても糖質10g以下でサクサクして味も文句なし！

右から、SUNAO 発酵バター、同 チョコチップ＆発酵バター各￥167（編集部調べ）／江崎グリコ

小さいから小腹がすいたときに食べやすいし、糖質10g以下なのにおいしいなんてありがたすぎる！（りなちゃ）

ビスケット 小腹がすいたら食べたーい！

BASE Cookies
26種類のビタミン＆ミネラル、約7gのタンパク質、食物繊維など栄養素がつまってる！

右から、BASE Cookies さつまいも、同 抹茶、同 ココア各￥180／ベースフード

BASE BREAD

パン

通常のパンと比べて、糖質30%OFF。 1食で1日に必要な栄養素の1／3が摂れる。

砂糖たっぷりの菓子パンはNG！

右から、BASE BREAD メープル￥230、同 プレーン210／ともにベースフード

おいしいし、栄養も摂れるからダイエット中によく食べるよ！ 種類も豊富であきない♥（まりくま）

全部見せちゃいます♥ 食事をのぞき見!!

つねにバツグンのスタイルをキープしているモデルたち。きっと食事もいろいろ工夫しているはず！ってことで、体型維持には欠かせない食事スタイルを1週間分教えてもらったよ♪

まりくまは 野菜とタンパク質重視のヘルシー飯

体型維持のために、毎日必ず野菜とタンパク質が入っているものを食べているよ！内面からキレイになるように心がけてる！

DAY 7 ▶ OFF
朝 五穀米と麻婆豆腐

サラダボウル
夜 なし
「朝昼に野菜とタンパク質をしっかり摂ったから、夜を食べなくても満足！野菜は5種類摂るようにしてる」

DAY 6 ▶ おでかけ
朝・昼 サラダボウル
夜 ひつまぶし
「夜にひつまぶしを食べる予定だったから、朝昼はサラダボウルにした！ひつまぶしは最高においしかった♥」

DAY 5 ▶ おでかけ

朝 サラダ
昼 チーズ

ナスとひき肉の甘辛炒め
「トマトが大好きだからほぼ毎日食べる！甘辛炒めも卵スープも大好きだし、体にもいいから一石二鳥♥」

DAY 4 ▶ OFF

朝 サラダ、ヨーグルト
昼 黒酢あん定食
夜 フルーツ
「フルーツが食べたくて、朝と夜に食べたよ！幸せ♥昼は大好きな黒酢あん定食でキブンアゲアゲ♪」

DAY 3 ▶ 撮影

朝 アーモンドミルク、ヨーグルト
昼 なし
夜 焼き肉
「朝は手軽で健康によさそうなものを食べてから仕事へ！昼は食べられなかったから、夜はごほうびに焼き肉♥」

DAY 2 ▶ OFF

朝 豚しゃぶ海藻サラダ
昼 チーズ
夜 コラーゲンドリンク
「仕事が控えているときは、ヘルシーなものを選ぶ！夜は肌を整えるためにコラーゲンドリンクを飲んだよ」

DAY 1 ▶ 撮影

朝 ヨーグルト
昼 ゆかり唐揚げ、野菜炒め、あさり汁
夜 なし
「朝は時間がなくてヨーグルトしか食べられなかったけれど、昼にしっかりタンパク質と野菜を摂取したよ」

さくてぃんは 腹八分目ならなんでもOK飯

食べたいものはガマンしないで食べる代わりに、20時以降は何も食べないようにして、腹八分目で抑えるように調整しているよ！

DAY 7 ▶ 撮影

朝 プリンタルト
昼 手作りパスタ
夜 しゃぶしゃぶ
「仕事でプリンタルトをいただいて気合い入れてパスタをつくった！昼はパスタ。腕前は結構自信あり★」

DAY 6 ▶ 撮影
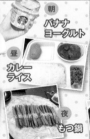
朝 バナナヨーグルト
昼 カレーライス
夜 もつ鍋
「大好物day♪こういう日があってもいいよね？(笑)バナナヨーグルト→カレー弁当→もつ鍋の流れは最高！」

DAY 5 ▶ 撮影

朝 飲むヨーグルト
おやつ 梅ねり
生ハムサラダ
夜 サバ味噌
「熱中症対策として鉄分を飲むヨーグルトで摂取した！夜は健康を意識して、大戸屋にした。マジ無難(笑)」

DAY 4 ▶ OFF

朝 サラダ素麺
昼 豚肉もやし
夜 フレンチのコース
「昨日食べすぎたから、今日は控えめに。夜はフレンチを食べたけど(笑)、魚を選んでヘルシーにした！」

DAY 3 ▶ OFF

朝 ローストビーフ
昼 カルボナーラ
おやつ 冷やしうどん、サラダ
おやつ チュロス
「ディズニーに行って、朝からローストビーフを食べた(笑)。おやつはディズニーで絶対食べるチュロス♥」

DAY 2 ▶ OFF

朝 なし
昼 魚、スンドゥブ、納豆
夜 肉じゃが、納豆キムチ
「朝食べなかったから、昼と夜はヘルシー食品を結構しっかり食べたよ！最近自炊をがんばってるの♪」

DAY 1 ▶ 撮影

朝 生ハムサラダ
おやつ フラペチーノ
昼 なし
夜 ネギトロ丼、ガーリックチキン
「朝は大好きな生ハムサラダを食べたよ♥昼と夜はがっつりメニューだけど兼用だからOK！」

ここちゃは ガッツリに見えてじつはヘルシー飯

量を多く食べていそうに見えて、じつは豆腐やヨーグルトなどヘルシーなものを摂るように心がけているよ。後半は体調くずして少食だった。

DAY 7 ▶ OFF
朝 昼 なし
夜 さくらんぼ、白湯
「休日で仕事がない日は基本ずっと寝ているから、せめてものフルーツを摂取！水はしっかり飲むのがポイント」

DAY 6 ▶ 仕事
朝 なし

昼 カルビ弁当、水
夜 なし
「仕事でカルビ弁当を食べたから、夜はおなかがすかなくて食べなかった。食欲がないときはムリに食べないよ」

DAY 5 ▶ おでかけ

朝 ぶどう
昼 なし
夜 納豆、キムチ、味噌汁
「ちょっと体調が不調だったから少食ですませた。納豆はあきないように味を変えて食べるようにしてる！」

DAY 4 ▶ 学校

朝 味噌汁、ヨーグルト
昼 お弁当、サンドイッチ
夜 ヨーグルト
「昼をがっつり食べたのと、前日はごほうび食だったから、夜はイチゴヨーグルトのみで控えめにしてみた！」

DAY 3 ▶ 学校

朝 チーズトースト、ヨーグルト
おやつ レモンスカッシュ
昼 お弁当
夜 手羽先、ナスの炒め物
「朝は激ハマりしているヨーグルトをがんがん食べた！体育をがんばったからごほうびにレモンスカッシュを飲んだ！」

DAY 2 ▶ 学校

朝 ヨーグルト
昼 お弁当
夜 ラーメン
「朝に食べるといいって聞いて、ヨーグルトを食べているよ！夜は早めに食べたから味噌ラーメンでも許す(笑)」

DAY 1 ▶ 学校

朝 なし
昼 お弁当
夜 豚しゃぶサラダ、冷やっこ
「寝坊して朝はなし。昼のお弁当は中身も量も気にしないで！夜はよく見たらヘルシーなものばっかりだった！」

POPモデルの1週間の...

あんころ は 朝ごはんを酵素に置き換え飯

つねに食べすぎないように注意していて、最近は便秘やむくみの解消に効果がある酵素を1食分置き換えて、量を調整しているよ！

DAY7 ▶ 仕事
朝 酵素／昼 おにぎり、ささみ揚げ／おやつ なし／夜 カニカマスティック
「帰宅時間が遅かったから、夜はガマンした。きついけど、次の日に食べればいいやって精神で乗り越えてる！」

DAY6 ▶ 仕事
朝 酵素／昼 おにぎり／夜 サラダ
「仕事の日はどうしてもコンビニ飯が多くなっちゃうから、少しでも体によさそうなサラダやおにぎりを選んでる」

DAY5 ▶ 学校&仕事
朝 酵素／昼 お弁当／夜 チキンサラダ
「仕事で帰宅時間が遅かったから、夕食はサラダのみ。本当はもっと食べたいけどガマンしたよ」

DAY4 ▶ 学校
朝 酵素／昼 お弁当／夜 ロールキャベツ
「テスト期間だから、ふだんより甘いものが食べたくなるの、間食より3食優先！って脳にいい聞かせてる」

DAY3 ▶ 学校&仕事
朝 酵素／昼 お弁当／夜 ハンバーガー
「夜はマネージャーさんとアイドルのメンバーとマックに行ったよ。おいしいけどやっぱり罪悪感はある（涙）」

DAY2 ▶ 学校&メンテ
朝 コロッケサンド／昼 お弁当／夜 カニクリームコロッケ、クラムチャウダー
「朝に小麦を食べないようにしているのに食べてしまった…。次の日になるべく調整をしたい！」

DAY1 ▶ 学校
朝／昼 お弁当／おやつ さけるチーズ／夜 シチュー、サーモン焼き
「一応ダイエット中 食べないダイエット...しないことにしていから、食べるものや量に気をつけているよ」

はおちゃん は 朝昼多めー→夜は控えめバランス飯

最近は18時間断食をしていて、朝ごはんから6時間は好きなものを食べるけど、それ以降はあまり食べないようにしているよ！

DAY7 ▶ おでかけ
朝 昨日の夕食のあまりの鍋／昼 天ぷらうどん／夜 ハンバーグ
「朝は炭水化物を控えたけど、昼と夜は外出先でがっつり食べちゃった…。ハンバーグすごくおいしかった！」

DAY6 ▶ おでかけ
朝 なし／昼 焼きそば、串焼き／夜 オムライス
「遅く起きたから朝はなし。お祭りでがっつり食べたから、夜はオムライスを少しだけ。甘やかしすぎかな」

DAY5 ▶ 学校
朝 ツナトースト、味噌汁／昼 おにぎり／夜 なし
「朝は大好きなツナトーストを食べたよ。昼はサクッと食べられるおにぎり！ごま油のふりかけがお気に入り♥」

DAY4 ▶ 学校
朝 炒め物、わかめスープ／昼 天ぷら／夜 なし
「朝は野菜を中心に体にいいものをたくさん食べたよ。昼に天ぷらを食べたから、夜は食べずに調整した！」

DAY3 ▶ 学校
朝 サク、野菜スープ／昼 お弁当／夜 フラペチーノ
「朝は和食、昼は大好きなおかずたちを食べた♥ 昼は友だちとフラペチーノを飲んだからそれで終わり！」

DAY2 ▶ 学校
朝 タコライス／昼 お弁当／夜 なし
「昨晩のあまりを朝に食べることが多いから、今日も朝からがっつり！昼もしっかり食べたから、夜は抜いたよ」

DAY1 ▶ 学校
朝 のり巻き／昼 お弁当／夜 ハンバーグ、野菜スープ
「空腹だったし、学校も長い予定だったから、朝からがっつり食べた！だけど夜はふだんより少なくした...」

りなちゃ は 上手に調整してストレスフリー飯

好きなものは基本食べる！でもそのぶんほかでヘルシーなものに置きかえて、カロリーや糖質の摂取を抑えるようにしてるよ。

DAY7 ▶ 仕事
朝 なし／昼 いくらおにぎり、ヨーグルト／おやつ アイスバー／夜 ひじきサラダ、炭酸水

「ライブで朝は食べられなかったから、おやつにアイス♥ 炭酸水は食欲を抑えられるからよく飲むよ！」

DAY6 ▶ レッスン
朝 豚しゃぶサラダ／昼 チャーハンおにぎり／夜 麻婆豆腐、エビの蒸し餃子、野菜スープ

「朝はタンパク質が摂れる豚しゃぶサラダ！ダンスレッスンでたくさん動いたから、夜はしっかり食べたよ」

DAY5 ▶ 学校
朝 オムレツ、わかめスープ／昼 おにぎり／夜 フルーツ

「どうしてもフルーツが食べたくなって、夜に食べたよ♥ 食べたあとは散歩して消費した」

DAY4 ▶ 学校
朝 サンドイッチ、蒸し鶏とキャロットラペのサラダ／昼 なし／おやつ まるで完熟マンゴー／夜 さつま揚げと根菜の煮物、味噌汁

「バタバタして昼が食べられなかったぶん、おやつでアイスケーキだけにしたよ。カロリー低めだから罪悪感なし！」

DAY3 ▶ 学校
朝 食パン、スクランブルエッグ、グラノーラ／昼 リンゴ／夜 チョコレートケーキ、サラダ

「夜はマネージャーさんの誕生日祝いで食べたケーキだけにしたかったけど、おなかがすいていたからサラダを追加」

DAY2 ▶ 学校
朝 パン、野菜スープ／昼 ほしいも／夜 白身魚、豚肉とブロッコリーの辛味炒め

「甘いものが食べたくて昼にほしいもを食べたよ。ほしいもは食物繊維が豊富で腹モチがいいし、満足感が高い♥」

DAY1 ▶ 学校
朝 イカハンバーグ、かぼちゃの煮もの／昼 プロテインバー／夜 ポップコーン

「夜に映画を観に行く予定があって、ポップコーンを食べたかったから、昼はプロテインバーで軽くにすませた」

夏はイベントに合わせて！

ンジで
可愛くなる！

冬は顔まわりを盛って！

映えを狙うなら韓国っぽヘアアレ！

ヘアアレ

服装を変えるように、行く場所やキブンに合わせてヘアスタイルもチェンジ！　パッと見であか抜け感がUPするから試してみて♪

登校には簡単ヘアアレを！

リンカクのお悩み解消に！

できる ヘアアレの基本を覚えよう!

Start! ♡

髪のパーツの名前を覚えよう!

トップ 頭のいちばん高い位置から後頭部周辺(ハチの高さまで)をまとめて〝トップ〟と呼ぶよ。

ハチ 頭のてっぺんと耳あたりまでのあいだにある、もっとも出っぱっている部分。

顔まわり 前髪の端から、もみあげのリンカクにそって落ちる髪のこと。もみあげを含むこともある。

ヘアアレンジ 基本の き

ヘアアレに必要なテクニックを初心者向けにどこよりも細かく徹底解説!

- ストレート
- カール
- 定番アレンジ
- 編み込み

おしゃれ見え度がグッと上がるヒケツは髪型にあり!ってくらい、おしゃれに欠かせないヘアアレンジ。難しくて挑戦できないコのために、基礎をイチから伝授するよ♥

撮影/小川健 ヘアメイク/榊ひかる(Lii-a) ※衣装は本人私物です。クレジットのないアイテムはすべて編集部私物です。●掲載商品の問い合わせ先はP.96にあります。

ストレート×外ハネでリンカクをシャープに見せて♥

ストレートヘアの基本の伸ばし方

4つにブロッキングする
きちんとブロッキングして均一に熱を加えるとキレイに伸びる。左右、上下に分けてね。

横7cm×縦3cmを取る
厚すぎず均一に熱が加えやすい幅がコレ。毛束を取ったら、斜め45°下に手で伸ばす。

毛束を押さえながら伸ばす
毛束に対して垂直にアイロンをさし込み、根元から毛先に向かってアイロンを当てる。

サイドをまとめて伸ばす
うねりやすい表面をもう一度。根元から耳上→根元から毛先の2回に分けて伸ばすよ。

ストレートアイロンの持ち方!

まん中よりやや根元(下)を、手のひらでしっかりにぎる。力が入って髪をはさみやすいよ。

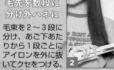

コレを使ったよ!

\ 応用編 /
外ハネのつくり方

髪全体を伸ばし外に抜く
基本の伸ばし方と同様に毛先までアイロンを通し、アイロンを抜くときに、外側に抜く。

毛先を数段に分け外ハネに
毛束を2~3段に分け、あご下あたりから1段ごとにアイロンを外に抜いてクセをつける。

サイドの表面をまっすぐ伸ばす
ここがまっすぐなだけ、外ハネ感がわかりやすい!表面の髪をていねいに伸ばすよ。

サイドの毛先も外ハネに
③で伸ばした表面の毛束を①、②同様に、内側の髪よりも少し上から外ハネにする。

顔まわりを内側に巻く
顔まわりの髪の根元をアイロンでさし込み、内側に向かってなだらかに伸ばして完成!

滑りのいいコーティングプレートだから、髪にやさしい! サロニア ストレートヘアアイロン 24mm ¥3828/アイエヌイー

66

Part 1

カールアイロン & ストレートアイロン を使って

オススメ！

Aリーゼ アイロンでなめらかストレートローション、B同 アイロンでくっきりカールローション各￥836（編集部調べ）／花王

アイテムで髪の傷みを予防

アイロンの熱から髪を守るミストを使う。髪が濡れすぎないよう、全体に軽くでOK。

ドライヤーでしっかり乾かす

濡れた髪にアイロンをすると、過剰に水分が蒸発して傷みの原因に。しっかり乾かして！

ブラッシングでからまりを取る

アイロンをしたときにヘンなクセがつかないよう、最初に髪全体をブラッシングするよ。

> アイロンを使うまえに必ずやること♥

カールアイロンの基本の巻き方 外巻き編

顔まわりをワンカール

両サイドの顔まわりの毛束を取り、耳上あたりでワンカールできるよ！くびれができるよ！

もみあげを外巻き

毛束を取り、アイロンを根元から滑らせるように外に流す。顔まわりに動きが出るよ♪

> こんなかんじ！

髪を4つにブロッキング

両サイド、後ろの髪を左右に分ける。ブロックごとに3段に分け、下の髪から巻くよ。

アイロンを前側にして挟む

アイロンのパカパカするほうを前側にして毛束をはさみ、顔の外側に向かって回す。

すべての毛束を外側に巻く

2を耳下まで滑らせ、顔の外側に回しながら全体をアイロンに巻きつけて5秒したら抜く。

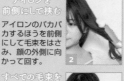

カールアイロンの基本の巻き方 内巻き編

顔まわりをワンカール

毛束を取り、耳上あたりから内側にワンカール。力をいれずにゆるっと巻くとGOOD。

トップを数束巻いていく

トップの髪を2cm幅に取り、根元から毛先まで3のように巻いていくと動きが出るよ♥

> こんなかんじ！

髪を4つにブロッキング

外巻きと同様に髪を分け、ブロックごとに3段に分け、下の髪から巻いていくよ！

アイロンを後ろ側にして挟む

アイロンのパカパカするほうを後ろ側にして毛束をはさみ、顔の内側に向かって回す。

毛先まで内巻きに

2を抜かずにアイロンの先端を逃がす。これを毛束ごとに耳上から毛先まで続けるよ。

> ほどよくくびれたウェーブ巻きはトレンド感も女っぽさもバツグン！

＼応用編／ ゆるウェーブヘアのつくり方

耳下の髪を内巻き

毛束を取り、耳下の位置から内巻きにする。毛先はとくにクルンとなるようにしっかり。

顔まわりを外側に巻く

顔まわりから細く毛束を取り、4で巻いた髪と繋がるように外側にワンカールにする。

髪を5つにブロッキング

ハチ上の髪をまとめたら、基本の巻き方と同様に髪を縦に4つブロッキングするよ。

耳上の位置から外巻きに

2で巻いた毛束の上を外側にワンカール。毛束の上が外巻き、下が内巻きになるよ！

顔まわりの髪をしっかり内巻き

顔まわりの髪を、基本の内巻き3と同様に内巻き。細めに束を取ると、動きが出やすい♪

> コレを使ったよ！

> **カールアイロンの持ち方！**
>
> プレートをさわらないように注意。利き手でアイロンの持ち手、逆の手で先端を持つよ。

温度が100～210℃で細かく設定できるから使いやすい！ サロニア セラミックカール ヘアアイロン 25mm ￥3828／アイエヌイー

三つ編み

ふんわり感がある
女のコムードを演出♪

SIDE

後ろ髪を左右に均等に分ける。コームの先でギザギザの分け目にするといまっぽい❤

1
毛束を3本に分け、耳の高さで編み始め、毛先まで編んでゴムで結ぶ。左右バランスよく！

NG!

編み目がゆるすぎると、ボサボサに見えちゃう。ほどよいゆるさにしてね。

2
編み目を横に広げるように、指先で髪を細く引き出してゆるさを出したら完成だよ♪

ポニーテール

SIDE

黄金比率の位置で
結んで横顔美人に♪

あご先と耳の角を結んだ延長線上に髪を集めてゴムで結ぶ。ここが顔がキレイに見える黄金比率。

1

結び目を片手で押さえながら、表面の毛を引き出す。指先で少しずつ、つまみ出してね。

2

後れ毛を32mmのカールアイロンで内巻きに。後れ毛だけでも巻いてあるとあか抜ける❤

3

NG!

結び目が下すぎたり表面がべったりしてると、手抜き感が…。結ぶ位置が重要！

ハーフツイン

イマドキな韓国っぽヘアは
ハーフツイン一択❤

NG!

SIDE

結ぶ位置がハチの高さ&低すぎると、幼稚園児みたいに幼く見えちゃう。

3
2で取った毛束をゴムで結ぶ。三角形の頂点にゴムがくるようにするとバランス◎。

2
顔まわりの髪を三角の形に毛束を取る。後れ毛も入れてスッキリさせるといまっぽい！

1
髪全体をアイロンでストレートに。後ろ髪がストレートだと韓国っぽい印象になる❤

ピンどめ

前髪を軽く&トップを立体的にしたらニュアンスが出る❤

NG!

前髪が重いと抜け感がなくて地味な印象に…。子ども見えの原因にもなるよ。

3
毛束を押さえながら髪を引き出し、ねじった毛束と十字になるようにピンをさし込む。

2
1の毛束を2本に分け、顔まわりの髪を取りながら耳の位置までツイストする。

1
トップを中央で分けて毛束を取る。前髪を薄くし、取った髪をトップの毛束と合わせる。

おだんご

しゅっとボリュームがある
おだんごで元気のよさをアピ！

NG!

おだんごがカチカチだと学校アレンジっぽくなるし、顔も大きく見える。

SIDE

3
2の毛束を根元にまとめ、ピンを放射線状に何本かさして土台を固定したら完成。

2
1の最後を手で押さえながら、ツイストした髪を引き出していく。だいたんにやってOK。

1
トップでポニーテールにしたら毛束を2つに分け、毛先までツイストしていく。

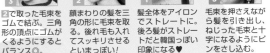

Part 3

2パターンの 編み込み を習得しておしゃれの幅を広げよう♥

立体的な編み目だから
黒髪でもお目立ち可能☆

ゆるふわの編み目で
抜け感のある仕上がり♪

編み込みの基本

多めに髪を取ると
ゆる編みに!

細い毛束で編めばタイトで辛口に、太い毛束で編めば甘口な印象に仕上がるよ♥

取る毛束の量は
一定にする!

バラバラだと
ガタガタ

編み始めのときに取った毛量と、同量ずつ取って編むとキレイな編み目がつくれる!

毛束は
下から取る!

NG / OK

横の毛束(緑)を取って合わせるんじゃなく、編んでる下の毛束(オレンジ)を取るのが正解。

毛束を下に通すと
裏編み込み

Zoom up

POINT
♥ 編み目が立体的に出る
♥ 毛量が少ないコや黒髪でも盛れる
♥ より華やかな印象を演出できる

毛束を上に通すと
表編み込み

Zoom up

POINT
♥ ボリュームを抑えてくれる
♥ レイヤーが多めのコでもまとまる
♥ 優等生っぽく見える

裏編み込みのやり方

4 左にあった毛束(緑)の根元の下から、同じ毛量の毛束(オレンジ)を取る。

3 2と同様に、右の毛束(赤)を中央の毛束(緑)の下に通し、まん中へ持っていく。

2 左の毛束(緑)を中央の毛束(赤)の下に通して、まん中へ持っていく。

1 トップをセンターで分けたら毛束を取り、均等な毛量で3本の毛束に分ける。

8 8で合わせた毛束(緑&水色)を、中央の毛束(黄&オレンジ)の下から通してまん中へ。

7 3で右にきた毛束(緑)と、7で取った毛束(水色)を合わせて1本の束に。

6 右にあった毛束(赤)の根元の下から、同じ毛量の毛束(水色)を取る。

5 5で合わせた毛束(黄&オレンジ)を、中央の毛束(赤)の下に通してまん中へ。

5 2で左にきた毛束(黄)と、4で取った毛束(オレンジ)を合わせて1本の束に。

表編み込みのやり方

4 左にあった毛束(緑)の根元の下から、同じ毛量の毛束(オレンジ)を取る。

3 2と同様に、右の毛束(赤)を中央の毛束(緑)の上から通し、まん中へ。

2 左の毛束(緑)を中央の毛束(赤)の上から通し、まん中へ持っていく。

1 トップをセンターで分けたら毛束を取り、均等な毛量で3本の毛束に分ける。

8 8で合わせた毛束(緑&水色)を、中央の毛束(黄&オレンジ)の上から通してまん中に。

7 3で右にきた毛束(緑)と、7で取った毛束(水色)を合わせて1本の束に。

6 右にあった毛束(赤)の根元の下から、同じ毛量の毛束(水色)を指で取る。

5 5で合わせた毛束(黄&オレンジ)を、中央の毛束(赤)の上から通してまん中に。

5 2で左にきた毛束(黄)と、4で取った毛束(オレンジ)を合わせて1本の束に。

編み込みの最後は三つ編み

12 結び目を押さえながら毛束を引き出し、編み目をほぐす♪

11 編めなくなるまで編んでゴムで結ぶ。毛先は余裕をもたせて!

10 下まで編み目を見せたい場合は、耳の裏から三つ編みに。

Last!

三つ編みのやり方

4 編めなくなるまで2~3と同じ要領で外側の髪をくり返し編む。

3 1と同様に、右側の毛束を中央の毛束の上を通してまん中へ。

2 同じ要領で、左側の毛束を中央の毛束の上を通してまん中へ。

1 髪を3等分にし、右側の毛束を、中央の毛束の上を通してまん中へ。

いまさら聞けない!!三つ編みのやり方

前髪がキマった日は気分が上がるし、失敗したらずっと気になる…。そんな、JK が命の前髪のつくり方をモデルに教えてもらったよ♥ 友ウケ、彼ウケの2パターンでお届け！

まずは ティーンズに聞いた 前髪の3大悩み にアンサー！

お悩み❶ 時間がたつとベタついちゃう…
パウダーを根元&おでこに仕込んでおく
フェイスパウダーをパフにつけ、髪の生え際に左右にこすりつける。おでこにもON。

お悩み❷ パックリ割れちゃう…
左右どちらからも風を当てて乾かす
乾かしたあと、根元をリセットするイメージで左右から風を当てて乾かすと割れにくいよ。

お悩み❸ 湿気でうねっちゃう…
しっかり何層にも分けて伸ばす
前髪を2～3層に分けて、各3回しっかり伸ばす。アイロンは140～150℃に設定してね。

きららん の 友ウケ or 彼ウケ 前髪のつくり方！

素の前髪

重めでもシースルーでもない前髪だよ★ コダワリが強めだから、前髪は絶対セルフカット派！

前髪オーダー方法「目にかからないギリギリの長さでカット。中央はパッツン、両サイドだけ少し長めになるように切っているよ！」

友だちと遊ぶとき の前髪セット法！

"前髪命！"だからここに固かるよ（笑）

使ったのはコレ！
Ⓐ リファビューティック ストレートアイロン
Ⓑ ケープ 3D エクストラキープ

1 前髪の両サイドの長い毛を残し、中央部分をⒶで巻く。毛先だけを軽く内巻きにする。

2 形を整えたら、Ⓑを全体的にスプレーする。前髪をしっかり固めてくずれを防止！

デートのとき の前髪セット法！

ナチュラルなシースルー♥

使ったのはコレ！
Ⓐ リファビューティック ストレートアイロン
Ⓑ ケープ 3D エクストラキープ

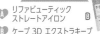

1 余分な前髪を両サイドに分けて、いつもよりも少しだけシースルーぎみの前髪にするよ。

2 中央の薄い部分と両サイドで3等分したら、中央の部分の毛先をⒶで軽く内巻きする。

3 ②で残した両サイドの髪はⒶでサイドに流しつつ、軽く内巻きに。最後に軽くⒷをスプレー。

ここちゃ の 友ウケ or 彼ウケ 前髪のつくり方！

素の前髪

中央部分が少し重めの前髪がコダワリ！ 友ウケも彼ウケも固めすぎず、ほどよくふんわりと★

前髪オーダー方法「パッツン&眉毛が隠れる長さでオーダー。シースルーバングにしたいから、眉毛が見えるくらい薄めにしてる♥」

友だちと遊ぶとき の前髪セット法！

前髪を気にせず遊びたいからお直ししやすい軽め内巻きで♪

使ったのはコレ！
Ⓐ リファビューティック ストレートアイロン
Ⓑ ザ・プロダクト ヘアワックス

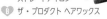

1 前髪の両サイドの束を残して、中央部分をⒶで軽く内巻きにする。1回で挟んで巻くよ。

2 Ⓑを少しだけ取り、両手にのばす。手で前髪の外側と内側を挟んで、全体にのばす。

3 シースルーになるように②で手に残ったワックスをなじませながら、余分な前髪を両サイドに流す。

デートのとき の前髪セット法！

ふんわりクルンとした甘め前髪で可愛く盛る♥

使ったのはコレ！
Ⓐ リファビューティック ストレートアイロン
Ⓑ プリュスオー ポイントリペア

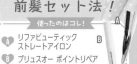

1 前髪の両サイドをⒶで巻くよ。軽く内巻きにしつつ、外側に流れるように巻くのがポイント。

2 ①で巻かなかった中央部分をまとめてⒶで挟み、毛先を1回でクルンと内巻きにする。

3 キープスプレーをするとガチガチになるから×。Ⓑで根元部分のアホ毛だけ抑えるよ。

友 or 彼 ウケたい相手別 PoPモデルの前髪

撮影／堤博之、小川健[一部プロセス]
ヘアメイク／水流有沙(ADDICT_CASE)[一部プロセス]
※衣装、アイテムはすべて本人私物です。

さくてぃんの 友ウケ or 彼ウケ 前髪のつくり方！

素の前髪

前髪を気分で変えたいさくてぃんは、シースルーも楽しめる2way前髪！ 幅は広めだよ★

前髪オーダー方法
「目にかからない長さで幅広めのパッツンに、量は少し重めだけど、シースルーにもできるようにオーダーしているよ」

友だちと遊ぶときの前髪セット法！

オイルで濡れ感を出したカジュアルなトレンド前髪！

使ったのはコレ！
- A アドスト プレミアム DS2 ストレートアイロン
- B ダイアン ビートゥルー ビーガンヘアオイル

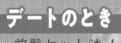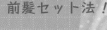

3 Bを指先に軽くのばしたら、前髪全体に軽くつけるよ。仕上げにコームでなじませるよ。

2 ①で分けた中央の束を巻く。毛先のほうをAで挟み、軽く内巻きになるようにする。

1 前髪を3束に分け、左右のほうをAで巻く。毛先だけ軽く内巻きにしつつ、サイドに流す。

デートのときの前髪セット法！

目元がスッキリ見えるようナチュラルなシースルーに♪

使ったのはコレ！
- A アドスト プレミアム DS2 ストレートアイロン

2 ①で残した前髪をAでストレートに。ナチュラルに見せたいからスタイリング剤はなし。

1 シースルーバングになるよう、余分な髪を両サイドに分けて前髪の量を調整するよ。

あんころの 友ウケ or 彼ウケ 前髪のつくり方！

素の前髪

触覚をつくらずに幅を広めに取った前髪が特徴！巻き方や厚さでフンイキを変えているよ♥

前髪オーダー方法
「ワイドバングのシースルーでお願いしているよ。長さは巻いてもちょうどよくなるように、眉毛と目のあいだ！」

友だちと遊ぶときの前髪セット法！

たくさん写真を撮るからしっかり固めて前髪キープ！

使ったのはコレ！
- A アゲツヤ ポータブル ミニアイロン
- B モモリ 塗るだけで整うヘアキープブラシ
- C ケープ スーパーハード 無香料

2 Bでアホ毛を抑えつつ、形を整える。形が整ったらCを多めに振って、しっかりキープ。

1 前髪の両サイドを残して、中央部分をAでまっすぐにする。うねりのない前髪にするよ。

デートのときの前髪セット法！

少し内巻き&シースルーでナチュラルな可愛さを演出♪

使ったのはコレ！
- A アゲツヤ ポータブル ミニアイロン
- B ケープ スーパーハード 無香料

2 前髪と両サイドの髪を手グシでなじませながら形を整える。仕上げにBを軽くスプレー。

1 少し薄めになるように余分な前髪をサイドに流し、残った前髪をAでしっかり内巻きに。

絶対盛れる浴衣姿ではしゃぎたい♥

夏祭り

後ろ姿も可愛い
アップヘアが優勝！

黒髪でも映える三つ編みが
浴衣姿にマッチ♥

ともに、浴衣2点（浴衣、帯）セット各¥3999／グレイル

友ウケも 彼ウケも
狙えるオソロの
ミつ編みシニヨン

How-to

Side

Back

4 3でできた2つの毛束を、2の結び目の上で固定。髪が長いコはおだんごに。

3 後ろ髪を左右に分け、両サイドに三つ編みをつくる。1と2の毛束も左右均等に入れてね。

2 両サイドの髪を編み込んで1のゴムの下で結ぶ。毛束を指で引き出してボリュームを出す。

1 後ろ髪をコテでゆる巻きしたら、ハチ上の髪を後ろでハーフアップにする。

Side

Back

季節やシーンごとにヘアアレをチェンジするのが、毎日可愛くいられるヒケツ。「今日の髪型どうしよう」って悩むことがなくなるほど、ギュギュッとつめ込んだからマネしてみてね！

ヘアアレンジだけを厳選！

アレ見本帳♡

入ってから出るまで写活しまくる

テーマパーク

三つ編みループ
三つ編み×リボンで甘いフンイキに♡

セーラームーン風ツイン
いつもと違ったツインアレでだれよりも目立つ☆

ワイヤー風ポニー
動きやすくてほどよく映える変形ポニー!

彼ウケ / **友ウケ** / **彼ウケ**

Back

How-to
両サイドで三つ編みをつくり、毛先を結び目でピンどめ。好みでリボンをつけて♡

How-to
髪をジグザグに左右に分け、高めのツインをつくり、毛束の半分の髪を結び目に巻く。

How-to
2 1で固定した毛束がウエーブの形を描くように、ゴムのすき間から髪を引き出して調節。
1 高い位置でひとつ結びにしたら、細ゴムを毛束にクロスさせながら毛先まで巻きつける。

水着でいつもと違うフンイキ

海

ハイ＆ローおだんご
ひと味違うおだんごでアップヘアの幅を広げて♪

編み込みツイン
全方位可愛い編み込みで彼の視線をドクセン!

友ウケ / **彼ウケ**

Side

工藤ここみチャン
島村仁己チャン

How-to
上下にポニーをつくり、ゴムのあいだから毛束を半分抜く。毛先はゴムに巻きつけピンで固定。

How-to
両サイドを編み込み。髪を指で引き出しボリュームを出したら、ミニクリップをつける。

曲に合わせて飛びはねる!

音楽フェス

チビゴムオールバック
ダンサー風のひっつめ髪でテンション高く☆

友ウケ

Side

尾茂井奏良チャン

How-to
前髪を4つにゴムで結び、毛束の半分を入れ込みながら後ろまで同じ要領で結ぶ。

もう悩まない! どんなシーンでも活用できる簡単＆おしゃれな

毎日可愛い ヘア

撮影／橋本憲和 [P.72 分]、堤博之 [P.74-75・P.78 一部]、清水通広 [P.74 一部]、オノデラカズオ [P.74 一部]、原地達造 [P.73・P.76-77・P.79 一部]、小川健 [P.76・P.78-79 一部]、楠本隆貴 (will creative)[P.73・77・79 一部]
ヘアメイク／水野花菜 [P.72 分]、榊ひかる (Lila) [P.73・P.76-77・P.79 一部]、水流有沙 (ADDICT_CASE)[P.73・P.76-79 一部]

●掲載商品の問い合わせ先は P.96 にあります。※クレジットのない衣装、アイテムは本人私物です。

盛れるヘアアレでいつも可愛く♥

服が盛りがちになる季節。ヘアも負けずに盛って、全身のバランスを取ってこー！

帽子ありき ヘアアレ

パールつきミニクリップ × 外巻きねじり

顔まわりアレンジならどの長さのコでもマネできる！

How-to

1. 32mmのコテで耳下の毛束を全体的に外巻きに、巻けたらオイルをなじませて毛流れを手ぐしで整えるよ。

2. トップをセンター分けに。分け目から耳までの毛束をツイストして、耳の後ろでクリップで固定。逆側もやってね。

クマ耳ニット帽 × 偽ボブ

人気の耳つきデザインはボブ風ヘアでこなれ見せ♥

ブラシでしっかりとかし、あご下くらいでごくゆるツインに結ぶ。毛量が多いコはワックスをなじませて。

ツインにした毛束をクルクルと丸め、毛先を内側に入れ込んでピンどめ。飛び出てくる短い髪もピンで固定。

Side

ぱっちんピン × スッキリおでこ出し

おでこ出しするだけで手軽にオトナっぽくイメチェン♪

How-to

1. 前髪をセンター分けに左右それぞれねじってピンで固定。ゆるめず、タイトに仕上げるとオトナっぽい。

2. 32mmのコテで毛先を1回転巻きつけて、外ハネにクセづけ。トップから毛先まではまっすぐストレートに。

ツイードベレー帽 × サイドツイストだんご

レトロなツイードベレーは上品アレンジで魅力UP♪

How-to

1. 左右とも耳前の毛束を残し、残りの髪を低めのサイド結びにする。結んだ毛束を三つ編みにして、毛先をゴムで固定。

2. 1の三つ編みから毛を引き出してゆるめる。根元にクルッと丸めてピンで数か所しっかりとめて、サイドだんごにする。

3. 耳前に残しておいた毛束を毛先までツイストし、表面の毛をランダムに引き出す。ニュアンスをつけることが大事。

4. 3の毛束をおだんごの根元に巻きつけてピンどめ。逆側も同様に。サイドにニュアンスがあることでおしゃれ見え♥

Side
(img 3 side view)

Bigシュシュ × ふわふわポニー

モテの王道はやっぱりコレ♥毛で小顔効果も狙うよ

1. こめかみ＆耳前に後れ毛を出しながら髪を集めて、高めの位置でポニーテールにする！

2. シュシュをつけたら28mmのコテで毛束をMIX巻きに。結んでから巻くほうがラク♪

3. キープスプレーをかけてカールを固定。最後に手でくしゅっとにぎるようになじませて。

キャップ × 襟足おだんご

How-to

1. 前髪と顔まわりの後れ毛にオイルをつけて束感を出しておく。ラフ感のコツだよ！

2. 髪を片サイドで結び、毛先を抜かない輪っかおだんごにする。余った毛先はおだんごに巻きつけて固定。帽子をかぶって完成。

Side

おだんごは低めにつくると女性らしさが出る★

フラワーミニクリップ × ツインハーフアップ

控えめなハーフツインなら子ども見えせずにモテ♪

3 毛束を細ゴムで結ぶ。このとき浮かないように、地肌に沿わせて結ぶのがコツ。ゴムにクリップをつけて完成。

2 トップをセンター分け目にして、分け目からひとつまみ分の毛束を分ける。顔まわりの毛は残しておく！

1 ストレートアイロンで毛先を内巻きに。オイルを手にのばして、手ぐしを通しながらなじませてツヤを出す。

キラキラゴム × キャンディー結び♥

後れ毛ニュアンスつけでこっそりこなれ感をアピ♥

how-to

Back

1 前髪の横と耳前に後れ毛を出して、髪を1つにまとめる。あごと耳の角を結んだ延長線上でポニーにするよ。

2 ポニーの毛束をこぶし1つ分くらいの間隔で細ゴムで結び、毛を引き出してポコポコとふくらませる！

ヘアアクセありき ヘアアレ

ゴールドピン × サイドどめ

テクいらずなのに盛れるピンアレンジって優秀♪

おしゃれな韓国っぽヘアアクセでオンニ風！

3 耳前に細く後れ毛を出して、アイロンでS字にカールさせる。前髪と後れ毛にバームをなじませてツヤ感UP。

2 トップをセンター分けにして、前髪をシースルーにする。余分な前髪をサイドに流して金ピンでとめてね。

1 ストレートアイロンでクセをのばす。毛先までストンとまっすぐに整えるとクールなフンイキ。

デフトバン × ハーフアップ

Back

1 中間～毛先をゆるくMIX巻きにしておく。ハーフアップにブロッキングして、デフトバンの穴に毛束を通す。

2 デフトバンを毛先までスライドして、毛先からくるくると内向きに巻き上げてね！ 耳の高さまでやるよ。

3 巻き上げたらデフトバンの左右を交差させて固定。リボンっぽく見えて可愛い♥ 前髪は外巻きにしてね。

毎日フンイキを変えられるヘアアレの バリエカレンダー

Friday	Thursday	Wednesday	Tuesday	Monday	
前髪クリップどめ シースルー前髪で抜け感も演出♪ 前髪を薄くして、トップで2つにとめる。クリップは黒なら学校でもOK!	**編み込みツイン** タイトに編めばクールな印象! 髪を左右に分け、トップから毛先まで編み込みしてゴムで結ぶよ。	**ネコ耳風ハーフツイン** 揺らしさ満点でお目立ち★ トップに顔まわりの髪を外側にねじりながら集め、ピンで固定する。	**ツインおだんご** 存在感大だんごで元気アピ♥ 高めの位置でハーフツインにし、毛束をゴムに巻きつけおだんごをつくる。	**低めツインテール** 清楚な印象になる王道ツイン 低めの位置でツインテールにするだけ! 顔まわりは後れ毛を残すと女子感UP。	さくてぃん×ツインアレンジ
ツイストハーフアップ こなれて見えるハーフアップ! 両サイドの髪を、トップからツイスト編み。後ろで2本をまとめて結ぶ。	**高めハーフアップ** 盛れるから小顔見え♪ ハチ上の髪を後ろに集め、あご先と耳の角の延長線上でゴムで結ぶ。	**王道ハーフアップ** 学校ヘアの定番! 耳上の髪を後ろに集め、耳上の高さでゴムで結ぶ。後れ毛は残すとGOOD。	**ハーフアップおだんご** 顔まわりスッキリ見えるし今っぽ感もバツグン♪ 耳上の髪をトップでゴムで結んだら、毛束をツイストしてゴムに巻きつける。	**薄前髪×高めハーフアップ** 友だちウケ間違いなしのいまっぽヘア♥ 前髪を薄くし、トップの髪と一緒にゴムで結ぶ。前髪が短いコはピンでとめて。	あんころ×ハーフアップアレンジ
ツイストカチューシャ ひとクセあるしがおしゃ♥ 前髪をトップからハチ上まで、ツイスト編み込みにして、ピンで固定する。	**カーリー前髪** 髪に動きが出ておしゃれな印象に! 前髪をアイロンでバランスよく外&内巻きに。各ワンカールでOK!	**エゴマの葉前髪** 韓国で流行ってるトレンド前髪! 前髪を2:8に分けてサイドに流し、コームの先で前髪を少し出す。	**王道ポンパドール** 男子ウケ最強の清潔見え前髪♥ 前髪の中央をトップに集め、ピンでとめる。前髪が短いコはジェルをつけて。	**ハーフツイン三つ編み** 韓国っぽヘアで学校でもできる 前髪を入れたハーフツインをつくったら、毛束の髪を三つ編みにする。	ここちゃ×前髪アレンジ
ダンサー風ポニー 毛先まで三つ編みが効いたポニーに変化球! 後ろでポニーにしたら、2cm幅で毛束を取り、三つ編み。これを2本つくるよ!	**三つ編みポニー** ミニボブでも毛束を三つ編みするだけ♪ 髪を後ろでひとつ結びしたら毛束を3つに分け、三つ編み。毛先をゴムで結ぶ。	**サイド三つ編み** ウッドガールなおさげヘア♪ 後ろ髪をサイドに集め、三つ編み。髪を指で引き出してボリュームを出して。	**デコ出しポニー** クラスの人気者♪ さわれる陽キャポニー トップの片サイドに髪を集めてポニーにしたら、前髪の中央を上げてピンで固定。	**王道高めポニーテール** 動きやすさも◎なあか抜けヘア! 顔まわりの髪を残し、後ろ髪を高めの位置でひとつ結び。指で髪を引き出す。	らーなん×ひとつ結びアレンジ

簡単ピンアレンジ

王道ハーフツイン

須藤愛加チャン

ボリュームが出るから
パッと見盛れが可能♪

HOW-TO

1 で取った髪を、ピンで固定する。髪の量が多いコはいろんな角度からとめて。

髪をセンターで分けたら、ハチ上の髪を三角形に取り、毛束をねじる。

三つ編みサイドカチューシャ

三つ編みの盛り感で顔まわりを華やかに♪

HOW-TO

2 でできた2つの毛束を後ろで合わせ、ゴムで結んだら完成だよ。

1 で取った毛束をツイストする。もう片方も同じ要領でツイストにするよ。

顔まわりの髪を残し、サイドの髪をトップから耳の上までジグザグに取る。

ねじり前髪ハーフツイン

金森優奈チャン

顔がスッキリ見えてオトナな印象に！

Side

HOW-TO

3回ツイストしたら、ピンで固定。後ろ髪はストレートだとオトナっぽい♥

前髪をセンターで分け、両サイド3cm幅の毛束を取り、ツイストにする。

Side

HOW-TO

2 でつくった三つ編みを、耳の裏でピンどめ。浮かないようにしっかりとめて。

1 で取った毛束を三等分にし、三つ編みをつくる。耳の上の位置まで編んで。

トップの中央から、多めに毛束を取り、流したいほうに持っていく。

ネコ耳風くるりんぱ

河崎蓮佳チャン

両サイドの2段くるりんぱで簡単に姫感が出る♥

Side

HOW-TO

1 の下から同じ毛量の毛束を取り、ゴムで結んだら、同じようにくるりんぱ。

サイドのハチ上の髪の上半分をゴムで結び、くるりんぱ。指で髪を引き出して。

ツイストハーフアップ

スッキリまとまった清楚なフンイキを演出♥清楚なフンイキ顔まわりで

簡単ゴムアレンジ

ボリュームおだんご

カレンチャン

小顔効果もバッグン★
ボリュームのあるおだんごは

Side

Side

Back

HOW-TO

巻きつけた毛束の毛先を押さえながら、おだんごの土台をゴムで結ぶ。

1 でツイストした毛束をポニーの結び目に巻きつける。キツめに巻きつけて。

後ろ髪を高めの位置でポニーテールにしたら、毛束を毛先までツイスト。

Part 04

映えを狙いたいときは
韓国アイドル風ヘアアレで決まり★

盛り盛りのステージヘアが可愛い韓国アイドルをマネすれば、だれよりも目立てる♥

ITZYのイェジ風
おでこ出し細三つ編み

2 **1**

1 の毛束を三つ編みにする。ゴムも一緒に編んでいき、毛先はゴムを結びつけて固定。左右同様にやるよ!

前髪をセンター分けにし、左右の前髪を三つ編みにする。耳上の毛束を3等分して1束にゴムを結びつける。

HOW-TO

細いカラーゴムを一緒に編み込んでおしゃれ見せ★

辛口派 × 憧れアイドル別のなりきりヘア

SIDE

BACK

左右2つずつのリボンでエッジのきいた可愛さを演出

aespaのウィンター風
高めツインおだんご

ゆるずるタイトにつくってオトナっぽく見せる!

SIDE

ツインテールにし、結んだ毛束を軽くねじりながら根元に巻きつける。たるまないようしっかりと巻きつけて。

NewJeansのハニ風
でかリボンツイン

3 **2** **1**

広げた髪の結び目からタレている毛束を、中央に巻き、ピンどめ。**1**で余った毛束でもう1つリボンをつくって。

ツインテールの結び目で結んだゴムのあいだの髪に指を入れ、半分に広げる。同じ毛量で分けてね。

ツインテールにしたら毛束の半分を取り、耳下の位置で結ぶ。髪が短いコは毛束の半分の位置で結んで。

HOW-TO

SIDE

後れ毛をクルンと巻くと韓国っぽさがさらに上昇♪

ふわふわリボン × ねじねじツイン

キラキラピン × 斜め流し前髪

眉毛ブラシで毛流れを整えるのが韓国っぽテク!

IVEのステージヘアをそのままコピー♪

ロングリボン × ハーフサイドくるりんぱ

SIDE

ヘアアクセを使ったアイドル風ヘア

甘口派 ×

2 **1**

ツインの毛束を2等分し、両方の毛束をねじりながら交差させて毛先をゴムで結ぶ。ゴムにリボンをつける。

耳の少し上でツインをつくったら、耳前に細く後れ毛を引き出して19mmのコテを横に持って内巻き。

HOW-TO

2 **1**

毛束を耳にかけてピンを2本平行につける。前髪は引っぱりすぎないよう、少したるませておでこを隠す。

前髪にワックスをなじませ、コームで8:2に分ける。眉毛ブラシで浮いている毛をとかしてなでつける。

HOW-TO

2 **1**

1 の毛束でくるりんぱをつくって、ねじれた部分をゆるめる。トップの毛束も引き出したら、リボンをつける。

トップをセンター分けにして、ハチの少し下でハーフツインをつくる。結び目は少したるませておいてね。

HOW-TO

78

Part 05

リンカク別の小顔見せヘアアレ でコンプレックス解消！

顔の形が違えば、ボリュームを出すべき位置は全然違う！ ポイントも詳しく解説するよ。

まほチャン

バックハーフツイン

できるだけ後ろで結んで奥行きをプラス！

HOW-TO
前髪を薄くしたら、ブラシで耳上の髪とまとめてゴムで結ぶ。後頭部で結ぶのがコツ。

HOW-TO
ポニーにしたら毛束をゴムに巻き、毛先を5㎝残してピンで固定。もみあげは三つ編みに。

Back

飛び出た毛先と三つ編みに視線を集める★

かさぎだんご

シアーバング 高めポニー

丸顔カバー

POINT
ほっぺの丸みをカバーするためには、縦のラインを意識。ストンと下に落ちるアレンジも◎。

前髪を薄くすることで顔を縦長に視覚サギ♥

HOW-TO
① 前髪ともみあげの毛を残し、高めの位置でひとつ結び。髪はストレートだと、より縦長見え。
② 前髪を薄くしてピンで固定する。最後にジェルを指につけ、前髪に束感を出せばおしゃれだよ！

Back

高め ハーフアップ

顔の横側にボリュームを出してエラをごまかし♥

エラ張りカバー

POINT
顔まわりに動きがあるヘアアレでリンカクをあいまいに。耳より上にボリュームがあると◎。

HOW-TO
① 後ろ髪を32mmのコテでゆる巻きしたら、ハチ上の髪を高めのハーフアップにする。
② コームを使って①の毛束に逆毛を立てる。もみあげは、ゆるく内側にワンカールにして。

Side

ゆる巻き 低めポニー

HOW-TO
① 髪全体をゆる巻き。コームの先で髪の分け目を中心からズラしたら、顔まわりの髪を残す。
② サイドで低めに結び、細く毛束を取って下方向にとぐろ巻きしてゴムで固定。3段繰り返すよ。

あご長カバー

POINT
重心を中心からズラし、あごの存在感をOFF。左右どちらかに寄せると、よりごまかせる。

Back

サイドのおしゃれ毛束で目線を散らして。

ランダム 三つ編みツイン

高さが違ったツイン三つ編みで横に存在感を★

HOW-TO
① 髪をジグザグに分けたら、片方はハチ上、もう片方は耳の中央の高さで結び、ゴムに髪を巻く。
② 毛束を3本に分け、三つ編みをつくる。指で編み目をほぐし、ボリュームを出すとおしゃれ！

面長カバー

POINT
髪をなるべく横に広げて縦ラインをごまかす。高さは控えめで、全体的に丸さを出して。

side

後藤藍里チャン

8:2流しでかピンどめ

インパクトのあるピンで視線を横に集めて♪

side

HOW-TO
コームで前髪を8:2に分け、片サイドに流す。お目立ちピンを耳上につけたら完成。

HOW-TO
耳の高さでツインテールに。毛束を三つ編みにしたら、結び目に巻きつけ、リボンをつける。

Back

サイドおだんご×リボンを横にポイントで

サイドリボン だんご

可愛いコはみんな鎖帯で
自分磨きに手抜きなし!!

スキン
ケア

バスト
ケア

ケア全般で可愛くなる！

メイクでもヘアアレでも、土台がよくないと可愛さが
半減！　細部までケアして、可愛いを
どんどんアップデートしよう♥

撮影／堤博之　スタイリスト／小野奈央
ヘアメイク／榊ひかる(Lila)
※衣装の詳細はP.96にあります。

ヘアケア

ボディー
ケア

ムダ毛
ケア

Part. 1

ティーンズの スキンケア事情を リサーチ！

\ Part. 2 /

みんなの スキンケアテク OK or NG プロが判定！

good！

\ JC1 ななみんご発 /
毎朝洗顔まえに 蒸しタオルをする

「毛穴を温めてしっかり開かせること によって、汚れが落ちやすくなる！」

「トーンアップしてとてもよいです が毎日はNG！ 乾燥の原因やバリ ア機能が低下してしまうので、週 1～2回がオススメ！」(Nanaサﾝ)

\ JC1 あーちゃん発 /
化粧水を塗ってから、 1分間後にクリームを塗る

「時間をおいて塗るようにしたら、あまり乾燥 しなくなった！ ニキビも減った気がする」

「1分放置すると、保湿した水分が 蒸発して肌の内部まで乾燥しちゃ う…。油分が入ったクリームで蒸 発を防ぎましょう！」(Nanaサﾝ)

Q 自分のスキンケアに 自信はある？

ある
34%

ない
66%

みんな毎日スキン ケアはしているもの の、半数以上がいま の自分のやり方に自 信がないという結果に！

赤ちゃんみたいな
毛穴ゼロ肌が理想的 ♡

\ JC3 あおいチャﾝ発 /
洗顔後は ティッシュで顔をふく

「タオルでゴシゴシふかなくなったから、 肌の摩擦が減ってツルツルになった！」

「洗濯洗剤や摩擦によるトラブル がないためオススメです！ こす らずふけば、ニキビができにくい 美肌へ導きます！」(Nanaサﾝ)

教えてくれたのは
セラピスト
Nana サﾝ
女性専門サロン「WAL TZ」で働くセラピスト。ヘッドマッサージ や小顔ハイフのプロ で、小顔・美肌に関す る知識が豊富！
⑮神奈川県横浜市西区 南幸2の12の6 スト ークみきビル205号室

\ JC1 ぴょんきち発 /
化粧水は2度塗りする

「お風呂後とドライヤー後に塗って、そのあと にスキンケアをすると乾燥しにくくなる！」

「化粧水後はすぐに乳液やクリー ムでフタをする！ クリームの2 度塗りはOK。ドライヤーしながら パックもオススメ！」(Nanaサﾝ)

\ JC1 うーチャﾝ発 /
乾燥しやすい部分には ワセリンを塗る

「唇、小鼻、おでこに塗るようにしたら、乾燥 しにくくなって肌もやわらかくなった！」

「ポイントは少量を薄く塗る こと！ 厚く塗るとニキビの 原因に。唇乾燥にはラップパ ックも効果的！」(Nanaサﾝ)

Q 自信がない理由は？

1位
SNSで得た情報で 正しいのかわからない

2位
自分の肌質に合って いるのかわからない

3位
なかなか肌荒れが 治らない

↓

いままでのやり方を 見直して、うっとり すっぴん肌になろ ♡

スキンケアって簡単そうでじつは奥が深いもの♡
自分に合ったアイテム選びで、ぷるぷる美肌にアップデート♡

モデルみたいな美肌になれる
正解スキンケア

基本の スキンケアを 見直し！

スキンケアって学校では教えてもらえないし、いろんな情報が溢れていて何が正しいのかわからないよね…。
正しいスキンケアを毎日続けるだけで、肌は格段に変わる！

モデル／佐藤楓恋[一部プロセス] 撮影／橋本憲和、楠本隆貴(will creative)[一部プロセス]
●掲載商品の問い合わせ先はP.96にあります。※衣装はすべてモデル私物です。

⚹もⒷもYESの人は

混合肌

油分：多　水分：少

Tゾーンや鼻まわりの毛穴が目立つ。部分的にカサつきがちで肌がゴワゴワしてる。

⚹もⒷもNOの人は

ふつう肌

油分：◎　水分：◎

油分・水分のバランスがよく、適度なツヤがあって肌がやわらかい。ファンデがヨレにくい。

⚹がYES、ⒷがNOの人は

オイリー肌

油分：多　水分：多

肌にうるおいはあるもののベタつきやすい。ニキビ＆毛穴悩みがあり、化粧がくずれやすい。

⚹がNO、ⒷがYESの人は

乾燥肌

油分：少　水分：少

油分も水分も不足ぎみ。肌のキメは細かいものの、カサついていて化粧ノリが悪い。

診断方法

Ⓑ テカっているか（皮脂が多い）

⚹ ゴワつくか・皮むけしているか（水分不足）

〈肌タイプの調べ方〉

スキンケアとベースメイクをしてから4〜5時間経ったころの肌状態をチェックしよう！　鏡を見ながら2つの項目を見て判断してね。

手のひらで、ほおやおでこを触ってみて皮ふの状態や皮脂、うるおい度をチェック！

Part.3

まずは肌タイプ診断で自分の肌質をチェック！

Part.4

基本のスキンケアと肌タイプ別ケアアイテムの選び方!

油分＆水分のバランスがよく肌悩み少なめ!

ふつう肌

[こんなキーワードで選ぼう!
・低刺激・美白・うるおい・肌にやさしい]

さっぱり快適にうるおいON♪

2. 化粧水

洗顔後の乾燥しやすい肌に水分を与えよう!

肌にうるおいを与えて整える。ナチュリエ ハトムギ化粧水¥748（編集部調べ）／イミュ

手に少量取り、顔全体に手のひらでなじませる。2〜3回くり返してしっかり保湿!

キメの整ったすこやかな肌に♡

ロゼット

1. 洗顔

角質や汚れを落として、化粧水を浸透させやすく!

ロゼット洗顔パスタ普通肌【医薬部外品】（販売名：ロゼット）¥715／ロゼット

石けんをしっかり泡立ててから顔にのせ、両手の指でやさしく泡を動かすように洗おう。

透明白肌をめざして美白をプラス!

4. スペシャルケア

日々のケアにプラスして肌トラブルをすぐに解決!

雪肌精 クリアウェルネス ナチュラルドリップ マスク¥440（編集部調べ）／コーセー

目・口の位置を合わせて肌に密着させる。

角層に浸透してうるおいが続く★

3. 乳液

化粧水を塗った肌にフタをして、しっかり保湿!

肌の内側で水分を抱え込む。ナチュリエ ハトムギ浸透乳液¥825／イミュ

1cmほど手に取り、おでこ・ほお・鼻・あごの5点置きをして手のひら全体でなじませる。

こんなキーワードで選ぼう!

[・さっぱり・ニキビ予防
・ベタつかない
・皮脂を防ぐ]

余分な油分をしっかりとOFFしよう!

オイリー肌

基本セットはこれ!

❶毛穴撫子 重曹泡洗顔¥1100／石澤研究所 ❷同 保湿化粧水 さっぱりタイプ¥660、❸同 保湿乳液¥770／ともにちふれ化粧品 ❹サボリーノ 目ざましシート PA23（28枚入り）¥1430／BCL

乳液をめん棒の先につけて毛穴のおそうじ♪

右・明色美顔石鹸¥550、左・明色美顔水 薬用化粧水¥880【ともに医療部外品】／ともに明色化粧品

こんなキーワードで選ぼう!

[・肌バランスを整える
・乾燥とベタつきをケア
・角質ケア・やわらかくする]

保湿に加えて肌をやわらかくするケアを!

混合肌

基本セットはこれ!

❶センカ パーフェクトホイップ コラーゲンin オープン価格／ファイントゥデイ ❷ミノン アミノモイスト 薬用アクネケア ローション¥2080、❸同 ミルク【ともに医薬部外品】¥2200／ともに第一三共ヘルスケア ❹毛穴撫子 ひきしめマスク（10枚入り）¥715／石澤研究所

ジェルでマッサージしながら角質をOFF。水分不足の肌には化粧水の重ねづけを!

カントリー＆ストリーム フェイシャルピーリングⅡ¥1760／井田ラボラトリーズ

こんなキーワードで選ぼう!

[・しっとり・つっぱらない
・とろみ・ぷるぷる
・高保湿]

油分も水分もしっかりと補給してあげよう!

乾燥肌

基本セットはこれ!

❶クレンジングリサーチ ウォッシュクレンジング A¥1100、❷ももぷり 潤いバリア化粧水 M¥990、❸同 潤いバリア乳液¥990、❹同 潤いぷるジュレマスク（4枚入り）¥770／以上BCL

指に数滴つけて、乾燥しやすい目まわりや口まわりに薄くチョンチョンと塗ろう!

透明白肌 薬用Wホワイト エッセンス¥2200／石澤研究所

はおちゃん

ここちゃ

さくてぃん

ストレスや生理で赤くて大きいニキビが、おでこ&ほおにできる

生理まえはおでこに細かいニキビ、あごに大きいのが1コできる!!

脂っこいものを食べたり長時間メイクしたときにできちゃう（涙）

ティーンズに聞いた肌のお悩み第1位は

ニキビ

肌のお悩みはいろいろあるけど、ダントツでニキビに悩んでいるコが多かったよ、みんなの声をチェック！

キャミソール¥1999／ウィゴー

さくてぃんがニキビ対策でやってること♥

❤ 枕カバーをこまめに洗う！
❤ 脂っこいものを控える！
❤ ニキビ用のケア用品を使う！

思春期用のアイテムを使うのもオススメ♪

皮脂の分泌が盛んな10代特有のニキビに！

右・毛穴汚れをスッキリ洗い流す！ 薬用ウォッシングフォーム思春期用150g、左・過剰な皮脂を抑えてさっぱり保湿❤ 薬用ローション思春期用150㎖各¥1408／ともにアクネスラボ

ニキビのないツルツルスベスベの透明感ある肌が憧れ♥

美肌になりたい♥
スッピン美人！

ふだんから気をつけていても、どうしてもできちゃうニキビ。ツルスベ美肌になりた〜い（泣）ってことで、ニキビにオススメの人気アイテム&モデルのケア方法を紹介♪

撮影／小川健、堤博之［プロセス分］ ヘアメイク／榊ひかる（Lila）
●掲載商品の問い合わせ先はP.96にあります。

無添加処方でお肌にやさしい♥ 大容量でたっぷり使える！ 薬用CICAクリーム 60g ¥1738／アクネスラボ

ニキビができちゃったときの オススメアイテムはコレ！

CICAクリームの使い方♥

薬用CICAクリーム

CICAって何？
ツボクサエキスのこと。ツボクサは韓国で古くからキズやヤケドの治療薬として使われてきた成分だよ！

ココがスゴイ！
ニキビのプロが開発したから安心♥
約50万人以上の肌悩みと向き合ってきたニキビケアのプロと共同開発したアイテム。

ココがスゴイ！
ニキビを根本からケアしてくれる！
CICAは肌トラブルを和らげる効果が期待できるから、根本から治療できて美肌に近づく♥

ココがスゴイ！
背中や胸元のニキビケアにも使える♥
顔のニキビケアはもちろん、全身に使えるのがうれしい★ 低刺激＆保湿効果もあるよ！

ココがスゴイ！
ケアだけじゃなくニキビや肌あれ予防もできる！
ニキビに悩んでいるコも予防したいコにもオススメ！ 毎日のケアに取り入れてね♪

ベタつかないからメイクまえに塗ってもOKだよ！

1
たっぷりの泡でやさしく洗顔
ゴシゴシと洗うのはNG！ たっぷり泡立ててから、泡で洗うようにやさしく洗顔する。

2
化粧水のあとにクリームを塗る♥
クリームを取って、顔全体にのばすよ。ニキビ予防にもなるし、ニキビがあってもOK。

3
顔以外のニキビケアにも使える♪
ニキビができやすい背中やデコルテにも◎。ベタつかないから一年中ケアができるよ！

スポッツクリーム＆パッチの使い方♥

1

2
洗顔＆いつものスキンケアをしたあとに使うよ。ニキビを密閉するようにクリームを塗り、ポイントパッチを貼って寝るだけ♥

薬用
ニキビを根本から集中ケア
大人ニキビ 思春期ニキビ ストレスニキビ
塗って、貼って、翌朝実感
薬用スポッツクリーム
夜用ポイントパッチ15枚入り
ACNES LABO

ちなみに…

ニキビができちゃったときの お助けアイテムはコレ！

さくてぃんの

薬用スポッツクリーム ポイントパッチ付き

余分な皮脂を吸着してくれる！ 薬用スポッツクリーム 7g（夜用ポイントパッチ付き）¥1518／アクネスラボ

撮影の前日にニキビができちゃった〜ってときにも使うよ！

ニキビ 0（ゼロ）の ツルスベ

予防＆ケアでめざせ

ヘアプログラム

校則が厳しい学校でも、髪がキレイなだけで可愛さを一歩リードできちゃうよ♥ プロ直伝の毎日できる簡単な美髪テクを実践して、みんながふり向くサラツヤヘアを手に入れちゃお！

モデル／小泉のん[一部プロセス] 撮影／小川健、堤博之 [一部プロセス]、楠本隆貴(will creative)[一部プロセス] 原地達治、静物 ヘアメイク／榊ひかる(Lila)、水流有沙(ADDICT_CASE) [一部プロセス] ●掲載商品の問い合わせ先はP.96にあります。※衣装＆アイテムはすべてモデル私物です。

教えてくれたのは 小池直人サン

芸能人も数多く通う表参道の人気サロン「レヴィン」の代表。まさに美髪づくりのプロ！

サロンはココ
レヴィン オモテサンドウ
予約はH.P.、またはホットペッパーで検索。
⊕東京都渋谷区神宮前5の9の25スクエアビル2F

そもそも髪が傷む原因って？

- シャンプーのときゴシゴシこする
- 髪を乾かさずに寝てしまう
- ヘアカラーやブリーチ、パーマ
- 高い温度でアイロンをする

→ 傷む原因を防いで、髪の表面＝キューティクルを整えることでツヤが出る！

髪の毛だけでこんなに印象が変わる！

After
髪がキレイだとイッキにあか抜け！

Before
ボサボサヘアは清潔感がない…

てっとり早く可愛くなるにはヘアケアに力を入れるべし！

サラツヤの基本 お風呂の4Step♥

美容師さんが解説！

Step1 ブラッシングで汚れを浮かせる

髪を濡らすまえに毛先からブラッシング。ホコリや汚れを取るとしっかり泡立つ。

NG いきなり根元からとかすと髪にとってダメージ！

根元からとかすと毛がからんで、枝毛や切れ毛の原因に。最初は必ず毛先から！

Step2 シャンプーは2回して地肌すっきり

1.
1回目のシャンプーでは髪をもむように洗う。表面の汚れやスタイリング剤を落とす。

2.
2回目のシャンプーのほうがキメ細かい泡が立つので、頭皮マッサージをするように洗う。

NG ゴシゴシこすっちゃダメ！

髪をこするように洗うとキューティクルが傷んじゃう。もむようにやさしく！

Step3 トリートメントは毛先メインに

1.
トリートメントは毛先からつけて、中間→根元に向かってのばしていく。つけすぎ注意。

2.
全体に塗ったら目の荒いコームでとかし、7～10分放置。成分をしっかり浸透させるのが◎。

NG 根元付近は軽めでOK！

トリートメントを根元に多くつけると、毛穴に悪影響。乾燥しやすい毛先をメインに。

Step4 すぐにドライして寝グセ防止

1.
半乾きの状態になるまでタオルでやさしく水分をOFF。このときも髪をこするのはNG！

2.
完全に乾くまえに洗い流さないトリートメントをON。半乾きのときにつけるのも重要。

NG ビショビショの髪につける！

濡れた髪には成分が入らないから、トリートメントをつけるのは半乾きになったら！

スペシャルケアまとめ

+1テクでさらにサラツヤ♥

POINT 1 トリートメントはタオルパックで浸透させる

1.
まずはトリートメントを毛先に多めにつけて、コームとかし全体になじませる。

2.
そのままタオルで髪を包み、10分ほど放置してからすすぐ。時間をおくことで効果UP！

POINT 2 コンディショナーとヘアマスクをダブル使い！

パサつき髪もしっとり。ボタニスト ボタニカルヘアマスク モイスト ¥1870 アイエヌイー

コレがオススメ！

右・いち髪 なめらかスムースケア コンディショナー 480g ¥770、左・同 プレミアム ラッピングマスク 200g ¥1155 ともにクラシエホームプロダクツ

POINT 3 ロングの子はゆるい三つ編みをして寝グセ防止！

コレもオススメ！

ヘアキャップは、寝グセや睡眠中の摩擦を防ぐため、ゆるい三つ編みをして寝るのがオススメ！

ヘアキャップは、髪をやさしく守ってくれるよ♪ おやすみヘアキャップ ¥2178／粧美堂

毎日のヘアケア＆ブローで
美髪はつくれる！

可愛さ2割増し♥

おうちでできる サラツヤ

ヘアメイクさん直伝！

ツヤをUPさせるブローテク

全体が8割ほど乾いたら、手ぐしをしながら上からドライヤーを当てる。

髪の内側に手を入れて、根元からしっかり乾くようにハンドブローする。

2.

冷風を上から髪全体に当てる。軽く当てるだけでもツヤ感が出るよ。

ブラシを使って根元からブロー。風は根元→毛先に向くように斜めから。

ペタンコになりやすいコは

分け目のサイドから髪を持ち上げて、毛流れに逆らって風を当てる。

逆側も同様に、根元をコシゴシするかんじで乾かすとボリュームUP！

広がりやすいコは

根元を手でグッと押さえて、なでつけるようにして乾かすとまとまるよ♪

学校にも持って行ける！
番外編

ポーチINできるヘアグッズ

1.体育後はタングルティーザーでからまり解消♪ 2.モデル愛用率も高いウエットブラシ！

ヘアブラシ
学校ではメイクがしっかりできないぶん、髪をキレイに整えて可愛さキープしたい！

毎日ていねいにケアして
サラツヤヘアを育てよう♥

充電式ヘアアイロン
朝しっかりセットしても、学校に着いたら巻きが取れてる…。そんなときにあると安心♪

1.カロスビューティーのモバ充とセットのもの♪ 2.コイズミのコードレスは放課後用♥

アホ毛スティック
アホ毛にサッと塗るだけで、ボワボワした毛がなくなる♥ ブラシタイプを使ってるコが多い！

1.プリュスオーのブラシタイプのもの♥ 2.マトメージュは即まとまるしキープ力も最強！

USE IT
学校ヘアの仕上げに、ポイントヘアスティックでアホ毛をセーブ！

美髪モデル直伝！

せらぴー＆はおちゃんのヘアルール

せらぴー
「低い温度で使うと髪が傷みにくいし、仕上がりがツヤツヤして枝毛も目立ちにくいよ！」

アイロンは絶対160℃！

はおちゃん
「フィーノを週2回使ってるよ。美容師さんに、サラサラで手ぐしが通るってホメられた！」

週2でヘアパック！

fino

ほかには… **離れ乳**
乳首が黒い **大きい**
左右のサイズが違う って悩みも!

Q おっぱいってケアしてる？

してない 83%
してる 1/7

Q 友だちに おっぱいを 見られるのって 恥ずかしい？

恥ずかしくない 19.9%
恥ずかしい 80.1%

おっぱいに関する悩みはだれにでもあることだから、恥ずかしがる必要もないよ!!

おっぱいにまつわる悩みで圧倒的に多いのは**小さいってことだった!**

Q 「してる」ってコは どんなことしてるの？

マッサージ

ボディークリームを塗って保湿する

おっぱいが大きくなるツボを押す

右・パンツ¥2490／ジーユー　左・オーバーオール¥14490／ジェイダ　渋谷109店

みんながなりたいのは、どんなおっぱい？

Q そもそも自分の **ブラジャーのサイズ** って、知ってる？

知らない 69.2%
知ってる 30.8%

知ってるコのほとんどは**下着屋さんで調べてた!**

「知ってる」と答えたコのなかには「3年まえに下着屋さんで測ってもらって、そこからは予想!」って発言も!!

男のコにも質問!

Q おっぱいとおしり どっちが好き？

おしり 11.4%
おっぱい 88.6%

*オトナになるとおっぱいよりおしり派になる、ってよくいうけど、10〜20代のメンズはおっぱいが好き!

Q 女の子の おっぱいの 大きさって 気になる？

気にならない 37.8%
気になる 62.2%

「気になる」が半数以上だけど、大きければいいってもんでもない! 形や感触とかも大事ってハナシ♥

Q どんなおっぱいが 理想？

1位 **形がキレイ**
2位 **大きすぎず 小さすぎない**
3位 **やわらかい**

「ふくらみはあってほしいけど、デカすぎはイヤ!」「好きな人ならどんな大きさでもいい」というメンズからの意見が!!

ちなみに 芸能人でいうと **藤田ニコル**サン＆ **今田美桜**サンの おっぱいが憧れ♥

Q 理想のおっぱいの サイズは？

F 3.5%　　G以上4.2%
A 4.9%　　**C 40.8%**
B 7%　　　**D 31.9%**
E 7.7%

大きすぎず小さすぎないサイズが人気!
サイズ以上に形や触りごこちが重要だってこともわかった★

とにかくみんながなりたいのは、谷間があってやわらかいふわふわのおっぱいみたい♥

可愛い おっぱいのつくり方

「やわらかい」「ふわふわしてる」「谷間がある」etc.ティーンズの理想をかなえるべく、育乳のプロにバストアップテクを教えてもらったよ! 女性らしいふわふわおっぱいをめざそ♪

撮影／橋本憲和、堤博之［一部プロセス］　ヘアメイク／水流有沙（ADDICT_CASE）　スタイリスト／tommy
●掲載商品の問い合わせ先はP.96にあります。　※クレジットのないものはスタイリスト私物です。

Level.1 おっぱいのベースづくり 編
キレイなおっぱいを育てるには、土台をしっかりつくることがいちばん大切★

Start▶

肩を下げて、きゃしゃなフォルムに！
メリハリバストづくり♥

2 背中へ回した腕のつけ根を壁にセット
壁の角に押し当てるとき、体重は前方へ。壁に当てた側の脚を出す。

1 片腕を背中へ回す！
肩こりで上がった肩を下げることで、メリハリのあるバストへ！

4 肩のトップの圧を確認
肩のトップに圧がかかっているか確認して、前方へふみ込む！

3 肩のトップをキャッチ
壁と反対の手で肩のトップをキャッチ！バストへ押し下げるように押す♪

逆サイドも！1分間停止！

まずはここから！
美乳のベースづくり♥

1 ワキ肉をキャッチしてしっかり伸ばす
腕を壁に引っかけて、同サイドの脚を前に出す。キャッチした手の指先は肩甲骨に触れるように！

2 ワキ肉をバストのほうへぐっとスライド
前に出した脚をふみ込みながら前へワキ肉をスライドし、スジが伸びている体感を確認する♪

逆サイドも！1分間停止！

ということで！
理想のおっぱいになれるバストアップストレッチを伝授

参考にしたのは…
『1日2分でマシュマロ美乳！』
誉・田家麻生

バストアップ研究家・麻生さんによる著書。1日2分でできるマシュマロ美乳ストレッチ術が満載！

1日2分 胸トレ

元AAAカップの貧乳
『ハッピーまきちゃんねる』
元Aカップだった麻生さんがDカップになったバストアップ術などを公開！

good♪

Level.2 ふんわりボリュームづくり 編
思わず触りたくなるようなふわふわ感とボリュームを手に入れよう！

立体的にボリュームUP！
丸みのあるバストづくり♥

2 バストの中心に向かいゆっくりスライド
1 アンダーに逃げたお肉をバストとともにキャッチ！

1分間かけてゆっくり何度かスライド＆逆サイドも！

キャッチしたバストをスライドさせていく。壁に当てた側の脚は前方へふみ込むように！
肩とひじの間を壁に当てて、反対の手で壁側のバストから逃げたお肉をキャッチ！

触りたくなるくらいふわふわに！
マシュマロバストづくり♥

2 両手をバストの中心に集めるようにスライド
1 腕をクロスさせ両手でバストをキャッチ！

zoom up

2分間かけてゆっくり何度かスライド！

肩を下げながら胸を張るイメージで。ブラジャーのワイヤーがある場合は、ワイヤーの下に手を添えて行なう。
深呼吸しながらバストの中心へ谷間をつくるイメージでゆっくりスライド！指先・指の圧は強めに!!

余分なお肉をバストに回す！
バスト上のボリュームづくり♥

2 筋肉の伸びを感じつつバストへスライド！
1 ワキの上部をキャッチしバストのほうへスライド！

1分間繰り返し何度かスライド＆逆サイドも！

バストへスライドするときは、「はー」とため息をつくように吐きながらゆっくりと伸ばしていくのが効果的♪
壁にひじをかけ、壁側の脚を前に出したら、バスト中心にお肉を集めるイメージでスライド！

Level.3 キレイな形づくり 編
ただ大きいだけじゃない、形がキレイなバストになるためのストレッチ！

fight!

バランスを整えふわふわに！
左右のバランス調整♥

2 バストの中心へ向かい手をゆっくりスライド
1 腕を背中に回して反対の手でワキ肉をキャッチ！

1分間かけてゆっくりスライド＆逆サイドも！

腕とバストを引き離すイメージで、肩を後ろに引く。「はー」とため息を吐きながら引いて。
背スジをピンと伸ばし、背中に回した手の指先は肩甲骨に触れるように！

外側に流れるのを防ぐ！
離れ乳・タレ乳防止♥

2 腕とバストを引き離すイメージでスライド！
1 ワキ肉をキャッチして腕を壁に当てる！

1分間停止＆逆サイドも！

ワキ肉をバストのほうへ「はー」と息を吐きながらグッとスライド。
腕の外側を壁に当てる。キャッチした手の指先は肩甲骨に触れる！

さ骨まで美しく！
メリハリのあるデコルテとバスト♥

3 さ骨下をプッシュしながら下へスライド！
2 両手をプッシュしながら下へスライド！
1 さ骨中央で両手をクロスしリラックス！

逆サイドも同様に10秒停止！
10秒停止！

顔を右に向け、グーにした左手を左さ骨下にセットしたら、プッシュしながら下へスライド。デコルテと首のスジの伸びをかんじて♪
プッシュするのと同時に息を吐く。デコルテと首のスジの伸びをかんじて♪
後頭部を壁につけて、頭と首を安定させる。後頭部は壁から離さないように。

1日2分でできる♥
おうちでこっそりストレッチして理想のおっぱいを手に入れる！
ふわふわ

お悩みの原因と正しいケアを学んでキレイな肌をゲットしよ♪

肌レベルを格段にあげる、お悩み改善テクをプロに教えてもらったよ！

黒ずみ
原因：摩擦や紫外線による色素沈着

1. 美白クリームでケア＋保湿

クリームは
・トレチノイン
・ハイドロキノン
が入っているものがオススメ！

色素沈着には美白成分の入ったクリームでケアして♪

2. 肌ざわりのいい下着でデリケートゾーンの摩擦防止

下着は、天然のコットンやシルクなどの肌ざわりのいい素材を選ぼう♪

乾燥
原因：肌のバリア機能の低下

1. 肌にやさしいボディーソープを使う

ヒアルロン酸やセラミド配合のものが◎。上・ケアセラ 泡の高保湿ボディウォッシュ ¥998／ロート製薬 下・matsukiyo 弱酸性泡ボディソープ【医薬部外品】¥657／マツキヨココカラ＆カンパニー

これがオススメ！

2. ビタミンA・Bや、良質なタンパク質の摂取

果物や野菜など、バランスのいい食事がうるおいの源♪

2. 適度な水分摂取

皮ふの水分を保つために、1日あたり1.5〜2ℓを目標に水分を摂ろう！

"体のお悩み"
乾燥　におい　黒ずみ　ザラつき　ニキビ
を1つずつ解決！

におい
原因：汗や皮脂、食べ物、ストレス

1. こまめに汗の拭き取りをする

汗をかいて放置すると、においが気になるから、こまめにOFF！

2. においの強い食べ物を控える

にんにくや玉ねぎ、チーズやファストフードなどは汗のにおいを強める！

使ったのはコレ！

ビオレ さらさらパウダーシート さわやかせっけんの香り（10枚入り）¥275（編集部調べ）／花王

教えてくれたのは

TCB 東京中央美容外科 秋葉原院院長
高柳佑衣子先生

皮膚科医として数多くの施術を担当。YouTube「ゆいこ先生の美容チャンネル」では、女性特有のお悩みに対して解説しているよ♥

ザラつき
原因：悪い生活習慣や乾燥による肌のターンオーバーの乱れ

1. 気になる部位はピーリング

③ ポロポロが出てから1分程度マッサージして、よく洗い流す。

② ザラつきが気になる部分をマッサージするようにのばす。

これくらい

① お風呂で体を洗ったあとに、さくらんぼ1粒大を手に取る。

使ったのはコレ！

週に1〜2回使うのがオススメ！ meshimase ゴマージュシュガー ¥1540／ロゼット

ニキビ
原因：皮脂の過剰な分泌

1. 肌質に合った対策をする

脂性肌：こまめなシャワー＆セナキュア
毛穴に詰まった皮脂を撃退して、つねに清潔に保とう！

乾燥肌：とにかく保湿
お風呂あがりに体の水分をしっかりふき取ってからすぐ保湿する！

2. できちゃったニキビは皮ふ科で治すのがいちばん！

皮ふ科で処方される外用薬で、悪化するまえに治療をしよう♪

1日2回キレイに洗った背中にシュッ！

ブツブツの原因を殺菌！ セナキュア（第2類医薬品）¥1320／小林製薬

ていねいにお手入れして最強自分ウケ肌をつくる

Nuit formidable avec famille

Tシャツ ¥999／グレイル

思わずさわりたくなる♥

お悩み別のボディーケアとパーツ別のムダ毛ケアの二刀流で愛されBODYに♥

愛されつるすべBODY計画

今年こそ自信を持って肌見せしよう♥ってことで、体に関するティーンズの永遠のお悩みをまるっと解決！これで自分のことをもっと好きになれるはず♪

撮影／堤博之、原地達浩[一部プロセス]　ヘアメイク／水流有沙(ADDICT_CASE)　スタイリスト／tommy
●掲載商品の問い合わせ先はP.96にあります。※クレジットのない衣装・アイテムはモデル＆スタイリスト私物です。
※紹介した商品は編集部のオススメです。

ムダ毛 編 MUDAGE

セルフ処理でかなう、ムダ毛レス肌になれる方法をレクチャー!

ティーンズ使用率の高い"T字カミソリ"の正しい使い方をマスターしよう♪

第1位 脚

「体育座りしたときに気になる」「制服を着ているとつねに見えてるから」って声が。脚のムダ毛とは一年中戦ってる!

③ ひざ下のムダ毛はカミソリを下向きに持ち、細かく剃るよ★

② 剃りきれなかった部分は毛流れと反対に、ていねいにカミソリを動かす!

① ゆっくり上から下へ、毛流れに沿ってカミソリを動かす♪

自信を持って脚を出したい♥

⑤ 足の甲は毛流れに沿って、カミソリの角度を変えながら慎重に動かすよ★

④ ひざ上のムダ毛は、立ててひざのお肉を持ち上げると剃りやすい♪

凸凹部分や面積の小さい範囲は顔用カミソリが便利!

使ったのはコレ!

角質が取れる♥
シリコングリップがにぎりやすい♥
なめらかな剃りごこち♥

足の指↑

足指の毛も見落とさないで! 数本だけなら、毛抜きで抜いてもGOOD♪

ハイドロシルク サロンプラス トーンアップ フェイススムーサー ホルダー(刃つき)￥1009(編集部調べ)／シック・ジャパン

＼後ろ姿もキレイにしたら正面もケアしよう!／

② 内側から外側へカミソリを動かすよ。乳首まわりのムダ毛も一緒にケア。

① 産毛が生えてるデコルテは、毛流れに沿ってカミソリを動かすよ。

カミソリの正しい使い方♥

うるおいソープつき♥
お肌にやさしい♥
簡単に剃れる♥

使ったのはコレ!

イントゥイション 敏感肌用 ホルダー(刃つき＋替刃1コ)￥964(編集部調べ)／シック・ジャパン

セルフ処理にもってこい!

第2位 腕

「勉強を教えてもらうときなど近い距離になるとき、指や腕のムダ毛が気になる」と具体的な意見が!

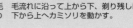

② ① 剃り残しがちなひじまわりのムダ毛は、ひじを曲げて皮ふを伸ばすと剃りやすい。

毛流れに沿って上から下、剃り残しは下から上へカミソリを動かす。

② ワキの外側から内側に向かいカミソリを動かして。多方面から剃ろう♪

① ワキはデコボコしてるから、腕を上げてくぼみ部分もていねいに!

第3位 ワキ

水着のときには絶対的に気になってしまうワキ毛。カミソリ負けしないように、アフターケアも重要だよ!

ティーンズが選ぶ ムダ毛が気になるパーツランキング

第1位	脚
第2位	腕
第3位	ワキ
第4位	デリケートゾーン
第5位	背中

圧倒的に脚の毛が気になるという結果に! ムダ毛処理方法をランキング順に紹介するよ♪

第5位 背中

自分ではなかなか見ることのない場所だけど、背中のムダ毛をふさふさ野放しにしてるコって多い!

ワキの下から手を入れて剃る! ちなみに、うなじは家族や友だちに剃ってもらおう!

第4位 デリケートゾーン

「エッチの経験はまだだけど、いざするとなったら気になる」ってコ多数。剃り方もわからないコが多い!

Vラインはココ!

ショーツや水着からハミ出す部分を下から上に向かい、カミソリで剃ってあげよう♪

AFTER CARE

ティーンズのお悩み

Q. ムダ毛処理後のケアってどうするの?

A. とにかく保湿!

セルフでのムダ毛処理後は乾燥しやすく皮ふがデリケート!

クリームによっては刺激が強いものもあるから、皮ふにやさしい低刺激のものを選ぼう♪

お肌にやさしくしっかり保湿♥

カルテHD モイスチュア フェイス＆ボディローション(220㎖)【医薬部外品】￥1430(編集部調べ)／コーセー マルホ ファーマ

透明感が劇的にUP♥

FACE

メイクノリもよくなる! 顔のケアもして肌トーンUP♥

④ 眉毛まわりは、顔を引っぱりながら1本ずつカットするように!

③ おでこは生えギワから顔の中心に向かってカミソリを動かすよ★

② 鼻の下は伸ばしたり引っぱったりして、なるべく平らにして剃る。

① ほおは乳液やクリームを塗ってから、毛の流れに沿って上から下へ。

美容にこだわりのあるモデルたちの**厳選品**を公開！

肌 ボディー ヘア POPモデルのケアアイテム一覧表

	さくらチャン	平井桃伽チャン	川端結愛チャン	熊谷真里チャン
モデル名&肌・髪データ	 DATA 髪質★細くてやわらかい／肌質★乾燥肌　JK3 さくらチャン	 DATA 髪質★ふつう／肌質★混合肌　18歳 平井桃伽チャン	DATA 髪質★太くてかたい／肌質★混合肌　19歳 川端結愛チャン	DATA 髪質★細くてかたい／肌質★乾燥肌　20歳 熊谷真里チャン
化粧水&乳液	アヌア「しっかり保湿してくれて◎！たっぷり大容量でコスパがいいからお気に入り♥」	アヌア「ドクダミの成分がいいと聞いて使い始めたら、自分の肌に合ってて、肌がキレイに！」	肌ラボ「プチプラなのに質がいい！夏の日焼けしちゃった時も！って日にも使える♪」	イヴ・サンローラン「すぐ顔に染み込んでくれるから、肌の乾燥が気になるときに使うと即保湿できる♪」
パック	ビュレア「赤みをすぐ抑えてくれる！これを使ってから毛穴も気にならなくなってきたよ」	サボリーノ「朝は必ずサボリーノ！！ベタベタせず、すぐメイクできるからお気に入り♥」	VTコスメティックス「肌がツヤツヤに水分チャージされる！！朝のメイクまえに貼るとメイクのりが◎」	バノバギ「肌にハリを与えてくれてしっかり保湿してくれるから、年中使えるお気に入りパック！」
スペシャルケア	アヌアの美容液「化粧水と乳液のあとに使うとメイクのりがいい！ナチュラルな香りがタイプ♥」	アイソイのパック「ニキビに早くきく！友だちはこれを使って1発でニキビが治ったみたい（笑）」	サボンのスクラブ「肌のごわつきが消えて、ちゅるんちゅるんになる！スクラブのあとは保湿までしっかり」	イヴ・サンローランの美容液「夜に使うと、次の日透明感が出てメイクのりもよくなるから、大切な日の前日に使うよ」
ボディークリーム	ジョンソンボディケア「ラベンダーの香りが落ち着くからお気に入り。しっかり保湿できて、すべすべになる！」	ジルスチュアート「フローラルの香りがお気に入り。香りで気分があがって、マッサージする気になれる！」	ニベア「あんまり香りが強いものが得意じゃないから、昔ながらのやさしい香りが好き♥」	ジョンソンボディケア「しっかり保湿されるから、朝と夜の必須アイテムだよ。落ち着く香りもGOOD♥」
シャンプー&コンディショナー	ウルリス&ディアボーテ「サラツヤな髪になれる！次の日も1日広がらないし、パサつき感もないよ！」	アンドハニー「香りとしっとり感がよくてずっと愛用中。アンドハニーは限定の香りもあって楽しい！」	ロウ「香りがすごくナチュラルながら癒やされる。重めのテクスチャーでしっとりする」	ジェミールフラン「見た目も香りもタイプで、ひと目ボレして即購入！自分の髪質にも合ってて◎」
ヘアケア	エッセンシャルのトリートメント「髪をいい香りにしてくれるし、まとまりを出してくれる♪ダメージ髪にも浸透するよ」	アンドハニーのオイル「これがいちばんしっとりする。香りもいいし、ツヤツヤの髪の毛になれるよ！」	ウェットブラシ「エクステもついているから、大きめのブラシがいい！頭皮からしっかりととかせる」	フィーノのオイル「ぬれた髪に塗ってから乾かすと次の日の髪がサラサラになって、しっかりまとまる！！」
ヘアセット	ルシードエル「セット後の髪に少量塗るだけでいいかんじの濡れ感が出るから、セットがラクちん！」	サムライウーマン「ヘアオイルだけど、セット用に使ってるよ。ベタベタすぎないナチュラルにセットできる」	ザ・プロダクト「1周まわって定番プロダクトに！！バームだから濡れ感を調整しやすくて使いやすいよ」	ザ・プロダクト「前髪に少しつけてクシでとかすと、ほどよい束感がでてセット後のおしゃれ度がUP♥」
アイロン&コテ	アドスト「当てるとサラサラになる！ストレートもカールも、どっちもできるから優秀！」	クレイツ「熱を通しても髪がサラサラ！あまり痛まない気がするし、38mmの太さも好き」	サロニア「ぜつみょうな色にひと目ボレ！サロニアはカラバリが多いから好みの色が見つかる」	エリスミー「ウエーブ巻きにも前髪のカールにも使えて優秀！髪が傷みにくくてずっと愛用中♥」

モデルがリアルに毎日使ってるケアアイテムの最新版をイッキ見せ！みんなの肌質や髪質を参考に、モデルなみにキレイな肌と髪を手に入れよ♥

撮影／小川健（真里、さくら、ここは、葉央、惟來分）、原地達造（桃伽、ラナ分）、堤博之（結愛、里奈分）　ヘア／榊ひかる（Li-a）、水流有沙（ADDICT CASE）　※衣装&アイテムはすべてモデル私物です。

 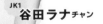 DATA 肌質★乾燥肌 髪質★細くてやわらかい **土屋惺来**チャン (JC3)	DATA 肌質★乾燥肌 髪質★太くてかたい **谷田ラナ**チャン (JK1)	 DATA 肌質★混合肌 髪質★細くてかたい **中畑里捺**チャン (JK1)	DATA 肌質★オイリー肌 髪質★太くてかたい **久保田葉央**チャン (JK2)	 DATA 肌質★混合肌 髪質★細くてやわらかい **阿部ここは**チャン (JK3)
ももぷり「うるおいがあっていい香り！しっかり保湿してくれてモチモチ肌になれる♥」	**CNP**「ミストタイプだからラク！肌にすぐに浸透するからベタつかないし、乾燥にもきく」	**ナチュリエ&肌ラボ**「化粧水は大容量だから惜しまず大量に使える！乳液はみずみずしいテクスチャー♪」	**VTコスメティックス**「オイリー肌の私でもベタベタにならないで、水っぽくもならないから使いやすい！」	**オードムーゲ**「ニキビができやすい肌の味方！洗顔〜乳液までライン使いするのがこだわり」
メディヒール「液がたっぷりで、肌に染み込んでくれる。次の日の朝までうるおいが続いてる！」	**ヤダー**「やわらかくて肌ざわりもいいし、フィット感がいい！肌にしっかりなじむよ♪」	**毛穴撫子**「肌がしっかり保湿できてモチモチになるし、パックを塗ったときのピリピリ感がない！」	**毛穴無子**「5分貼るだけでOKだから、めんどくさい日でも簡単にできるところが好き！」	**サボリーノ**「朝はこれを貼っておけばOK！香りの種類が多いから自分に合うものが選べる」
ももぷりの美容液「ぷりっともも肌になれる！乾燥肌な私にとっても合っていて、保湿してくれてる！」	**エルアンドケーのピーリングジェル**「肌トラブルもごわつきもなくなったよ。化粧水がしっかり染み込むようになる！」	**明色化粧品の化粧水**「ニキビができたところにこれを塗ると、1〜2日くらいで治る！神アイテム!!」	**病院で処方されたクリーム**「ニキビは治りにくいし跡も残りやすいから病院へ！安心して使えるし、赤みがすぐに引く」	**メディヒールのパック**「これもニキビ肌の味方！ポイントはシートが薄くて液がたっぷり入っているとこ！」
ヴァセリン「ベタベタしていなくてしっとり肌に仕上がるから、いつも夜に塗って寝てる！」	**natura tododia**「けっこうかためのテクスチャーで、しっかり保湿される。そして香りがいい！」	✕ 使ってないよ！	**ジョンソンボディケア**「夜塗って朝に肌を触ると、サラサラ感もモチモチ感もあってすごくいい肌質になる！」	**ニベア**「テクスチャーは重めなのに、塗ったらベトベトせずに高保湿なところが好き♥」
ダイアン「まとまってなめらかなツヤ髪になってくれる。香りもクセがないから使いやすい！」	**イオ**「泡立ちがいい！頭皮が乾燥しやすくてかゆみが気になっていたけど、改善した！」	**ラックス**「ベタッとしすぎなくてサラサラになるし、香りもしっかりつくからオススメ♥」	**ハーバルエッセンス**「海外っぽいマンゴーの香りがとにかくいい！アマゾンでわざわざ買うほど大好き!!」	**いち髪**「とくにこだわりはないけど、シリコンが入っていないから使ってる！香りもよき♥」
アンドハニーのオイル「うねりケアがあるからクセが出ない！うるツヤに仕上がるのでオススメだよ♥」	**ライブのオイル**「髪のダメージケアにオススメ♥フリージアの香りがいいからずっと愛用してるよ」	**フィーノのヘアマスク**「髪がバサついてきたときに週1くらいで使うと、髪がさらにトゥルトゥルになる！」	**アンドハニーのオイル**「ベタつかないのに少量で濡れ感が出てくれる。かための質感でまとまりやすい！」	**モロッカンオイル**「つけるのとつけないのでは大違い！切れ毛がおさまるし、サラサラになる！」
ジェミールフラン「香りがいいバーム。ハンドクリームにもなるから、髪に塗ったあと手にもなじませる！」	**ジュライミー**「髪のからまりが解消されるヘアエッセンス！広がりにくくしっかりまとまる♪」	**ケープ**「アイドルのライブのときに使ってるキープスプレー。たくさん動いてもくずれない！」	**ザ・プロダクト**「指の温度で溶けるからセットしやすい。前髪につけてもベタベタになりづらいよ！」	**エヌドット**「サラっとベタつかずに髪がまとまる！アホ毛・切れ毛民の味方オイル♥」
ヴィダルサスーン「巻きやすくてカール初心者でも使いやすい！キレイに仕上がってくれてオススメ！」	**ノビー**「すぐに温まるから、早く巻けて時短感のあるカールに仕上がるよ♥」	**クレイツ**「持ち手が握りやすくて巻きやすいよ。すぐにできるから、時間のない朝に助かる！」	**サロニア**「2WAYで便利だし、温度の調節が5℃ずつできるから細かいアレンジしやすい！」	**クレイツ**「美容師さんにすすめられて買った！巻きやすくてほかのコテが使えなくなる(笑)」

93

人生でいちばん若いのは今日のいま！
だから明日やらずにいまやる！

by きゃすみる

自分自身がなりたい姿に合う女性になる

by まりくま

可愛さは内から
みなぎるもの！
自分に自信を
持つと外見も変わる！

by あんころ

ネガティブな感情が出ても引きずらないようにするように心がけよう！！

by ももたん

みんな
可愛いから
大丈夫！

by みゆぴす

「可愛い」は
1日では
つくれない、
日々努力！

笑顔が
いちばんの化粧

by きららん

可能性は
無限大！ 絶対できる！！

by いぐぴん

いま努力すれば
明日の自分が変わる

by りなちゃ

努力している女のコが
いちばんステキで可愛い♥

by ぜらぴー

可愛いには近道はない！
それでも努力してる
自分を毎日ホメよう♥

by なったん

↑ワンピース￥4730／
スピーガ渋谷109店
トップス￥2199／W♥
C　カチューシャ￥
330、イヤリング￥880
／ともにパリスキッズ
原宿本店

タックトップ￥1000／
ユニクロ　パンツ￥
14990／エゴイスト　渋
谷109店　イヤリング
￥330／ラティス　ベ
ルト￥990／ジーユー

シュシュ￥550／パリ
スキッズ原宿本店　ネ
ックレス￥330／ラテ
ィス

格言集

日々、自分の可愛いを更新し続けている
POPモデル＆クリモ。総勢18人の、可愛い
をつくる格言を特別に公開しちゃうよ♥　コ
レを読めば、やる気が湧いてくるハズ！

撮影／楠本隆貴(will creative)
スタイリスト／小野奈央　ヘアメイク／榊ひかる(Lila)
●掲載商品の問い合わせ先はP.96にあります。
※クレジットのないアイテムはスタイリスト私物です。

恋は美の特効薬
by ゆめぽて

by はおちゃん

甘やかすも厳しくも、
自分を変えられるのは
自分だけ！

どんなちっちゃいことでもいい！毎日続けることをルーティン化させちゃお！

最大のおしゃれは美しい体型
by ここちゃ

自分を他人と比べないで過去の自分と比べよう！

すっごく可愛くなってるよ

キャミソール¥899／グレイル パンツ¥5499／W♥C ネックレス¥261／SHEIN

by らーめん

今日の私は過去の失敗が集まってできている
by ひなちゃ

いまのうちに可愛くなっとけば未来明るいじゃん？
by まっこん

by さくてぃん

↑シャツ¥4950／オリーブ デ オリーブ トップス¥6050／SPIRALGIRL スカバン¥3630／スピーガ渋谷109店 イヤリング（イヤカフとセット）¥590／ジーユー

by みゆん

言動は自分の鏡!!

←セットアップ¥3599／グレイル トップス¥5990／ジェイダ 渋谷109店 イヤリング¥330／ラティス

努力して可愛くなったモデルたちのポジティブワードでモチベ向上！

Popteenのモデル発

可愛い

Popteen Model LIST

専属モデル

ABE COCOHA
JK3
阿部ここは
（ここちゃ）

HIRAI MOMOKA
18歳
平井桃伽
（ももたん）

YAMAMOTO AN
JK2
山本杏
（あんころ）

SAKURA
JK3
さくら
（さくてぃん）

KUMAGAI MARI
20歳
熊谷真里
（まりくま）

KAWABATA YUME
19歳
川端結愛
（ゆめぽて）

NAKAHATA RINA
JK1
中畑里捺
（りなちゃ）

TANIDA LANA
JK1
谷田ラナ
（らーなん）

SHIMADA KIRARI
18歳
島田キラリ
（きららん）

TSUCHIYA SEIRA
JC3
土屋惺来
（せらびー）

KUBOTA HAO
JK2
久保田葉央
（はおちゃん）

クリエイターモデル

MURAKAMI MIYUU
JC3
村上美侑羽
（みゆぴす）

FUJISHIRO MIYU
JK1
藤代実優
（みゅん）

IGUSA
JK2
いぐさ
（いぐぴん）

TSUBOTA MAHOKO
JK1
坪田真帆子
（まっこん）

TSUJI KASUMI
JK2
辻加純
（きゃすみる）

NONOYAMA HINATA
JK2
野々山ひなた
（ひなちゃ）

YOKOMIZO NAHO
JK1
横溝菜帆
（なったん）

可愛い♥Popteen
可愛くなったコたちがやったこと総まとめ!!

Popteen編集部・編
2023年7月18日　第1刷発行

発行所　ポップティーン
　〒102-0074　東京都千代田区九段南
　2の1の30 イタリア文化会館ビル 3F
電話　☎ 03-3263-7769（編集）
発売元　角川春樹事務所
　〒102-0074　東京都千代田区九段南
　2の1の30 イタリア文化会館ビル 5F
電話　☎ 03-3263-5881（営業）
印刷・製本　凸版印刷株式会社

本書には月刊『Popteen』2020年7月号〜2023年1月号、『Popteen Media』2023年4月号〜8月号に掲載された記事を一部再編集して収録してあります。本書を無断で複写複製することは、法律で認められた場合を除き、著作権の侵害となります。万一、落丁乱丁のある場合は、送料小社負担でお取り替え致します。小社宛てにお送りください。定価はカバーに表示してあります。

©2023 Printed in Japan
ISBN978-4-7584-1446-3 C0077
本書に関するご意見、ご感想をメールでお寄せいただく場合は、info@loveteen.jp まで

STAFF

[カバー、P.01、P.02-05、P.50-51、P.80-81]
撮影　堤博之
ヘアメイク　榊ひかる (Lila)
スタイリスト　小野奈央
デザイン　佐藤ちひろ (Flamingo Studio)[カバー]
モデル　川端結愛、さくら、阿部ここは

さくら・パンツ¥10450／ラグアジェム（バロックジャパンリミテッド）　サンダル¥11990／RANDA　その他／スタイリスト私物　結愛・タンクトップ¥588、スカート¥1141／ともに SHEIN　その他／スタイリスト私物　ここは・ピアス¥175／SHEIN　サンダル¥6050／cs T&P 渋谷 109 店　その他／スタイリスト私物

[本文]
デザイン　新井悠美、石井まゆ、渡邊萌、山嶋華帆、佐々木由華、岡村風香、鬼澤里佳子、横田実奈（以上 ma-hgra）
編集　千木良節子、石村真由子、湯川可玲、原小夏

SHOP LIST

アールセン	☎ 0120-66-2814
アイエヌイー	☎ 0120-333-476
アクネスラボ	☎ 0120-130-311
アダストリアカスタマーサービス	☎ 0120-601-162
アミューズ	https://www.qoo10.jp/shop/amuse
石澤研究所	☎ 0120-49-1430
伊勢半	☎ 03-3262-3123
井田ラボラトリーズ	☎ 0120-44-1184
イミュ	☎ 0120-371-367
イング	☎ 06-4704-3313
インターナショナルコスメティックス	☎ 03-5825-7588
ウィゴー	☎ 03-5784-5505
ウェイクメイク	https://www.qoo10.jp/shop/wakemake_official
エゴイスト 渋谷 109 店	☎ 03-3477-5143
江崎グリコお客様センター	☎ 0120-917-111
エチュード	☎ 0120-964-968
msh	☎ 0120-131-370
エルコード	☎ 06-6244-0887
オリーブ デ オリーブ	☎ 03-6418-4635
花王	☎ 0120-165-692
カネボウ化粧品	☎ 0120-518-520
韓国高麗人蔘社	☎ 03-6279-3606
クラシエホームプロダクツお客様センター	☎ 0120-540-712
クラブコスメチックス	☎ 0120-16-0077
クリオ	https://cliocosmetic.jp
グレイル	https://www.grail.bz
コージー本舗	☎ 03-3842-0226
コーセー	☎ 0120-526-311
コーセー マルホ ファーマ	☎ 0120-008-873
小林製薬	☎ 0120-5884-01
サンキューマート	https://www.390yen.jp/contact
SHEIN カスタマーサービス	https://m.shein.com/jp/robot
cs T&P 渋谷 109 店	☎ 03-3477-5175
シードお客様相談室	☎ 0120-31-7103
ジェイダ 渋谷 109 店	☎ 03-3477-5197
資生堂お客さま窓口	☎ 0120-81-4710
シック・ジャパンお客様相談室	☎ 03-5487-6801
シャンティ	☎ 0120-561-114
粧美堂	☎ 03-3472-7896
SCOPEDOG236	☎ 052-835-0236
SPIRALGIRL	☎ 03-5422-8007
スピーガ渋谷 109 店	☎ 03-5489-5297
スピンズ	☎ 0120-011-984
セザンヌ化粧品	☎ 0120-55-8515
セブン&アイ・ホールディングス	☎ 03-6238-3000
第一三共ヘルスケアお客様相談室	☎ 0120-337-336
W♥C	☎ 03-5784-5505
ちふれ化粧品 愛用者室	☎ 0120-147-420
チュチュアンナ	☎ 0120-576-755
ディー・アップ	☎ 03-3479-8031
T-Garden	☎ 0120-4123-08
デイジーク	https://dasique.net/
too cool for school	tcfrakuten@jdtc.co.kr
BARTH	https://barth.jp/
ハニーズ	☎ 0120-977-450
パリスキッズ原宿本店	☎ 03-6825-7650
バロックジャパンリミテッド	☎ 03-6730-9191
PIA	☎ 0120-523-823
BCL	☎ 0120-303-820
ファイントゥデイお客さま窓口	☎ 0120-202-166
プニュズ	☎ 03-5784-5505
PLAZA カスタマーサービス室	☎ 0120-941-123
フリュー	☎ 03-6892-0102
ブルボン	☎ 0120-28-5605
ベースフードお問合せ窓口	contact@basefood.co.jp
ペリペラ	https://www.peripera.jp
マツキヨココカラ&カンパニーお客様相談室	☎ 0120-845-533
mano mano	https://perse-official.com/
ミシャジャパン	☎ 0120-348-154
明治 お客様相談センター	☎ 0120-598-369
明色化粧品	☎ 0120-12-4680
メディキュット（レキットベンキーザー・ジャパン）お客様相談室	☎ 0120-634-434
メルシーナ	☎ 03-5784-5505
ユニクロ	☎ 0120-170-296
ラカ	https://www.qoo10.jp/shop/lakaofficial
ラッシュ	support@lush.co.jp
ラティス	https://www.palcloset.jp/lattice
RANDA	☎ 06-6451-1248
RESEXXY (リゼクシ-)	☎ 03-6681-9470
ロート製薬お客さま安心サポートデスク	☎ 06-6758-1230
ロゼットお客様センター	☎ 0120-00-4618